世界五千年
科技故事丛书

卢嘉锡题

世界五千年科技故事丛书

华罗庚的故事

丛书主编　管成学　赵骥民

编著　白海波

吉林出版集团｜吉林科学技术出版社

图书在版编目（CIP）数据

华罗庚的故事 / 管成学，赵骥民主编. -- 长春 ：吉林科学技术出版社，2012.10（2022.1 重印）
ISBN 978-7-5384-6080-3

Ⅰ. ① 华… Ⅱ. ① 管… ② 赵… Ⅲ. ① 华罗庚（1910～1985）－生平事迹－通俗读物 Ⅳ. ① K826.11-49

中国版本图书馆CIP数据核字（2012）第156195号

华罗庚的故事

主 编	管成学 赵骥民	
出 版 人	宛 霞	
选题策划	张瑛琳	
责任编辑	朱 萌	
封面设计	新华智品	
制 版	长春美印图文设计有限公司	
开 本	640mm×960mm 1 / 16	
字 数	100千字	
印 张	7.5	
版 次	2012年10月第1版	
印 次	2022年1月第4次印刷	

出 版	吉林出版集团	
	吉林科学技术出版社	
发 行	吉林科学技术出版社	
地 址	长春市净月区福祉大路 5788 号	
邮 编	130118	
发行部电话 / 传真	0431-81629529 81629530 81629531	
	81629532 81629533 81629534	
储运部电话	0431-86059116	
编辑部电话	0431-81629518	
网 址	www.jlstp.net	
印 刷	北京一鑫印务有限责任公司	

书 号	ISBN 978-7-5384-6080-3	
定 价	33.00元	

如有印装质量问题可寄出版社调换
版权所有 翻印必究 举报电话：0431-81629508

序 言

十一届全国人大副委员长、中国科学院前院长、两院院士

放眼21世纪，科学技术将以无法想象的速度迅猛发展，知识经济将全面崛起，国际竞争与合作将出现前所未有的激烈和广泛局面。在严峻的挑战面前，中华民族靠什么屹立于世界民族之林？靠人才，靠德、智、体、能、美全面发展的一代新人。今天的中小学生届时将要肩负起民族强盛的历史使命。为此，我们的知识界、出版界都应责无旁贷地多为他们提供丰富的精神养料。现在，一套大型的向广大青少年传播世界科学技术史知识的科普读物《世

界五千年科技故事丛书》出版面世了。

由中国科学院自然科学研究所、清华大学科技史暨古文献研究所、中国中医研究院医史文献研究所和温州师范学院、吉林省科普作家协会的同志们共同撰写的这套丛书，以世界五千年科学技术史为经，以各时代杰出的科技精英的科技创新活动作纬，勾画了世界科技发展的生动图景。作者着力于科学性与可读性相结合，思想性与趣味性相结合，历史性与时代性相结合，通过故事来讲述科学发现的真实历史条件和科学工作的艰苦性。本书中介绍了科学家们独立思考、敢于怀疑、勇于创新、百折不挠、求真务实的科学精神和他们在工作生活中宝贵的协作、友爱、宽容的人文精神。使青少年读者从科学家的故事中感受科学大师们的智慧、科学的思维方法和实验方法，受到有益的思想启迪。从有关人类重大科技活动的故事中，引起对人类社会发展重大问题的密切关注，全面地理解科学，树立正确的科学观，在知识经济时代理智地对待科学、对待社会、对待人生。阅读这套丛书是对课本的很好补充，是进行素质教育的理想读物。

读史使人明智。在历史的长河中，中华民族曾经创造了灿烂的科技文明，明代以前我国的科技一直处于世界领先地位，涌现出张衡、张仲景、祖冲之、僧一行、沈括、郭守敬、李时珍、徐光启、宋应星这样一批具有世界影响的科学家。而在近现代，中国具有世界级影响的科学家并不多，与我们这个有着13亿人口的泱泱大国并不相称，与世界先进科技水平相比较，在总体上我国的科技水平还存在着较大差距。当今世界各国都把科学技术视为推动社会发展的巨大动力，把培养科技创新人才当做提高创新能力的战略方针。我国也不失时机地确立了科技兴国战略，确立了全面实施素质教育，提高全民素质，培养适应21世纪需要的创新人才的战略决策。党的十六大又提出要形成全民学习、终身学习的学习型社会，形成比较完善的科技和文化创新体系。要全面建设小康社会，加快推进社会主义现代化建设，我们需要一代具有创新精神的人才，需要更多更伟大的科学家和工程技术人才。我真诚地希望这套丛书能激发青少年爱祖国、爱科学的热情，树立起献身科技事业的信念，努力拼搏，勇攀高峰，争当新世纪的优秀科技创新人才。

目 录

目 录

引 子

核心提示：复旦大学李大潜院士、中国科学院数学与系统科学研究院严加安院士共同摘得第八届华罗庚数学奖桂冠

2011年11月2日，中国数学界的"终身成就奖"——华罗庚数学奖在北京向第八届获奖者颁奖，复旦大学教授、数学家李大潜院士和中科院数学与系统科学研究院研究员、概率学家严加安院士共同摘得这一奖项，教育部副部长吴启迪、中国数学泰斗吴文俊院士向获奖者颁奖。

11月2日，复旦大学教授、数学家李大潜院士从中国数学泰斗吴文俊院士手中接过第八届华罗庚数学奖获奖证书，二人相视而笑。

北京大学数学科学学院宗传明教授、中国科学院数学与系统科学研究院吉敏研究员荣获第十一届陈省身数学奖。

获得华罗庚数学奖的数学家李大潜院士长期坚持基础理论和应用研究，在偏微分方程的理论研究方面的诸多成果得到国际上的高度评价。数学家、概率学家严加安院士在鞅论、随机分析、白噪声分析和金融数学领域有多项贡献。

华罗庚数学奖、陈省身数学奖、钟家庆数学奖是中国数学界有着崇高声誉的3个奖项，分别设立于1991年、1985年和1987年。

华罗庚数学奖主要奖励中国有杰出学术成就和社会贡献的50岁以上的资深数学家，是一种"终身成就奖"；陈省身数学奖奖励中国有杰出学术成就的中青年数学家，是一种"斩关夺隘奖"；钟家庆数学奖奖励中国最优秀的在读以及获得学位不久的数学研究生，是一种"初出茅庐奖"。可见华罗庚奖的分量。

看着我国经济和科学技术在各领域所取得的辉煌成就，作为一名炎黄子孙，我们每个人都会因此而倍感骄傲。我们每一位炎黄子孙都有必要了解这位伟大的科学家经历的故事，并且永远铭记着他为中国数学所作出的杰出贡献以及他留给后人的长久影响。

值此以中国最杰出的大数学家华罗庚名字命名的华罗庚数学奖设立二十周年之际，让我们共同穿越时空，走进华罗庚的世界，听听他的故事吧！

被迫辍学

　　本世纪初，中国大地上乌云低垂、百业萧疏，正酝酿着一场巨大的革命。无数百姓艰难的挣扎在饥馑困饿之中。

　　一天深夜，江苏省丹阳县城中突然腾起一股冲天烈焰，大火和浓烟顷刻间把一座房子吞噬了。火光中，人影闪动，哭喊声连成一片。很久，很久，火势渐弱渐灭，救火的人相继散去。天光大亮时，周围的邻居发现废墟上坐着愁眉苦脸的华老祥，一夜间，他憔悴的几乎难以辨认了。

　　华老祥就是昨夜被烧掉的丝绸店的主人，原名华瑞栋，后来大家都忘记了他的原名，叫他华老祥。年轻时很有些革命热情，曾多次参加反对帝制的斗争。这一把大火不仅把他的家产烧的所剩无几，而且也把他从前的一腔豪气和信心烧得干干净净。收拾起仅存的一点儿东西，夹着一个小包裹，华老祥回到了家乡金坛县。

金坛县位于太湖以西。小城内外河网交错，土地肥沃。水中白帆如轻云片片，岸上桑林如绿海郁郁青青。这里盛产蚕丝，自古就有"鱼米之乡"之称。可是，世代居住在这里的人们已无心沉醉于山光水色，生活的重负压弯了他们的脊背，也磨损了他们的心灵。

华老祥回来后几经奔波辗转，最后终于在城中的清河桥下落了脚。买下一家门面开了个小杂货铺。卖些棉花、针头线脑、香烟火柴一类的小东西，勉强维持一家人的生活。

华老祥最大的悲哀并不是生意萧条带来的如日艰难，而是自己已年近四十，尚膝下无子，只有一个女儿莲青。尽管莲青非常乖巧懂事，可是，一心想着"不孝有三，无后为大"这句古训的华老祥心境却日益郁闷、惨淡，脾气也越来越暴躁了。弄的妻子和女儿整天跟着提心吊胆，无精打采。

1910年11月12日，背着箩筐匆匆赶路回家的华老祥刚刚走到家门口，就听见屋子里传来了清脆、响亮的啼哭声，他不等放下箩筐，迫不及待的，三步并作两步跨进屋门。接生婆站起来，笑嘻嘻地说：

"恭喜你呀，老祥，你媳妇生了个儿子！"

"是真的吗？快抱给我看看！"

华老祥小心地抱起婴儿，久久地凝视着儿子的小脸。

"给孩子起个名字吧！"妻子勉强支撑起虚弱的身子，含着笑说了一句。

华老祥一听，马上解下箩筐，把孩子轻轻地放在里面，又在上面扣了一个箩筐，然后对妻子说：

"进箩筐辟邪，同庚百岁，就叫罗庚吧！"

妻子高兴的点了点头。这一对已不再年轻的夫妇多么希望儿子能一生平安，长命百岁啊！尽管华罗庚后来成了举世瞩目的大数学家，可是他一生中经历了多少艰难和磨难又有谁能够完全了解呢！

华罗庚一天天长大了。他整天跑来跑去、蹦蹦跳跳，东瞧瞧西看看，什么都好奇，一刻也闲不住。

四岁那年冬天，母亲带他去亲戚家串门。走到一座窄桥上时，他不停地拉住母亲的手问这问那，由于天冷路滑，一不小心二人竟失足掉到桥下冰冷刺骨的水里去了。母亲一边声嘶力竭的大喊救命，一边拼命地把小罗庚托出水面，岸上的人都被吓得呆住了，半天才醒悟过来，赶紧跑过去把母子俩拉上岸来。

大难不死，华老祥夫妇认为一定是菩萨保佑，于是在家里供起了一个白瓷的观音，每天烧香磕头。小罗庚虽然依旧淘气，可是总算没有再遇到什么大惊险，一晃就是几年过去了。

金坛县城东门3、4千米外的青龙山上，有一座规模不算太大的寺庙。每逢春天赶庙会时，庙里的"菩萨"就端坐在高头大马上，被和尚们簇拥着进城来。一路上，老百姓沿街跪拜。有的求药，有的卜卦，更多的人祈盼"菩萨"救苦救难，让自己过上好一点的日子。华老祥和妻子也虔诚地跪在那儿，默默祷告，祈求"菩萨"保佑小罗庚祛病免灾，快快长大。

热闹了大半天，庙会散了，人们各回家中。唯独小罗庚不见了。这下可急坏了华老祥夫妇和女儿莲青。三个人分头寻找，街上没有，邻居家也没有，罗庚常去玩的地方都找遍了，连他的影子也没有。

"能跑到哪去呢？"姐姐莲青一向疼爱弟弟，她边找边哭，边哭边找。

天刚擦黑时，华罗庚筋疲力尽地回来了。小脸被汗水和灰尘弄得黑一道儿白一道儿的，衣服也脏的不成样子，母亲心疼地搂住他，连声地问：

"罗庚，你到哪儿去了？都快把我们急死了！"

"我到青龙山的庙里去了，那个'菩萨'是假的，是人装的，我亲眼看见的。妈妈，你以后不要再给菩萨磕头了，菩萨是骗人的！"小罗庚兴奋得简直不亚于哥伦布发现了新大陆。

"小孩子家懂什么，以后出去玩要跟家里说一声，听见没有！"父亲显然余怒未消。

姐姐莲青忙端来饭菜，打断父亲的斥责，小罗庚冲姐姐做了一个鬼脸，然后狼吞虎咽地吃起饭来。走了这么多路，他可真是饿坏了。

华罗庚并没有记住父亲的教训，他依然每天奔来跑去，干一些类似的"傻事"，周围的人都觉得他呆头呆脑，非常可笑。童年是不知愁的，一转眼，华罗庚和姐姐莲青一起从小学毕业了。

因为家里实在是穷得快要揭不开锅了，莲青因为没钱不能再继续上学，留在家里帮父母干活。华老祥夫妇望子成龙心切，决定节衣缩食供儿子读书。1922年，华罗庚走进了刚刚成立的金坛县立初级中学。

入学的头一年，因为小罗庚非常调皮，总要问一些稀奇古怪的问题，字又写得很潦草，很难看，所以大多数老师都不太喜欢他。挨训和被罚对于华罗庚来说简直是家常便饭。

上初二时，独具慧眼的数学老师王维克终于发现华罗庚是一块埋在泥沙中的金子。他决心尽己所能让这块金子放射出其应有的光芒。

　　王维克早年曾在南京河海工程学校读书，与张闻天是同班同学。1919年，五四运动爆发后，王维克和张闻天联合了几名同学，走上街头，积极宣传反帝反封建的思想，被学校开除。后来，他又到上海，进入大同大学学习数理，毕业后又转入复旦大学专攻法语。

　　王维克博学多才，他不仅精通数学，而且能够熟练运用几种外文，意大利著名诗人但丁名著《神曲》就是他首先翻译成中文介绍到中国来的。他对天文学也有一定研究，还在自己家里安装了一个小小的天文台，随时观测天象变化。

　　华罗庚是金坛中学的第一届学生，他所在的班只有8个人，王维克教这个班的代数。两个月后，他发现华罗庚的作业和其他同学有很大的不同。一是其他同学的作业字迹清楚，整洁，只有华罗庚的涂了又涂，改了又改；再就是其他同学解题的思路与自己讲授的完全相同，而华罗庚涂改的地方正反映了他在算题时，是怎样独立思考，并找到了最简捷的解答方法的过程。王维克惊奇了，这个看上去似乎很不用功的学生，原来在数学方面竟有相当高的天赋！

　　有一天，金坛中学的几位教师聚在一起谈论学生。

　　"成绩好的学生都到省城里念书去了，剩下来的都是笨蛋！"一位语文老师轻蔑地慨叹着。

"不见得吧，依我看，华罗庚同学就很不错！"王维克老师摇摇头，不以为然地说。

"哼，华罗庚！就凭他写的那像蟹爬一样的字，还能有什么大出息！"

"华罗庚的字写的确实不好，将来成为书法家的可能性很小，但是，他在数学方面表现出的才能却不可忽视，我认为他很有培养前途。"

从这以后，王维克更加留心观察起华罗庚来。不久，华罗庚成了他家的常客。有时是去借书，有时是去请教问题，师生之间的感情一天比一天深厚了。王维克和夫人陈淑每次见华罗庚来，都是悉心指点，热情款待。华罗庚非常佩服老师学识渊博，立志长大后成为老师那样的人。渐渐地，贪玩的心思没有了，华罗庚开始把全部精力投入到神奇的数学中。

年终考试的时候，王维克叫过华罗庚来，对他说：

"你不必考了，因为考你的问题别人做不出，考别人的问题不值得你做，我给你拟一个论文题目，你回家去做吧，你的数学终归是一百分，终归是第一。"

华罗庚拿了论文题目，抱着厚厚的一摞书回家去了。他对数学的兴趣越来越浓，真的快到了废寝忘食的程度。他如饥似渴的邀游在高深广阔的数学领域。

有一次，王维克借给他一本美国人写的微积分教科书。不料，华罗庚只读了十天就送还了。

"数学这门功课必须按部就班，循序渐进，你不可跳着看啊，我提几个问题考考你。"王维克老师一面翻书，一面问。没想到，华罗庚竟对答如流，还指出书中印刷有误的几处地方，王维克听了，心中暗暗赞叹。

"阿爸，我初中毕业后，想考高中继续念书。"有一天，华罗庚放学回家后和父亲商量说。

"唉，念了高中又要念大学，我们小买卖人家，吃饭都有上顿没下顿的，哪里供得起呢！"华老祥为难地摇了摇头。

"话是这么说，可罗庚想再念几年书，你就随他去吧！"母亲在一旁劝说道。

"是啊，爸爸，弟弟还小，又用功，就让他再念几年书吧！我愿意多做些手工活帮助家里挣几个钱。"姐姐华莲青也极力为弟弟说情。

华老祥没有再说什么，只是长长地叹了口气。华罗庚含着眼泪走进屋子里看书去了。

1925年夏天，华罗庚以全班第二名的好成绩从金坛中学毕业了。为了能尽快谋到个职业养家糊口，经过一番努力，他考取了上海中华职业学校。父亲尽管已经力不从心了，可是听说儿子毕业后能当会计挣钱养家，他还是千方百计凑了点钱，把儿子送到上海。

想不到，这个学校的数学老师却是个平庸之辈。有一天，这位老师发判完了的考试卷子，他先发自认为是好学生的卷子，然后发中等的，最后才发他认为成绩最差的学生的卷子。他发了一个又一个，华罗庚心里十分纳闷儿，自己明明都做对了，不会是老师把卷子弄丢了吧，他正在心里暗暗嘀咕时，半空中一声怒喝：

"华罗庚！"

"有！"华罗庚吓了一大跳，他条件反射地站的笔直。

"你为什么做错？"老师"哗啦哗啦"地抖着手里的最后一张卷子，面沉似水。

"老师，我这样做是有理由的，这是我自己创造的'直接法'，这样算题要简便得多！"华罗庚不服气的辩解道。

"什么'直接法'！还你自己创造的，荒谬！"

华罗庚依旧在那儿笔直地站着，美丽的清河桥，自由的中学生活，正直热诚、循循善诱的王维克老师，往事一幕幕从他眼前滑过……

父亲又来信了。杂货店的生意一天比一天差，家中再也拿不出一学期五十元的费用了。想到年迈的双亲在风风雨雨中辛苦、奔波，想到老师不讲道理的责骂训斥，华罗庚决定退学了。残酷的现实生活逼得他不得不放弃学业，连张文凭也没拿到。华罗庚只身一人离开了上海这个冒险家的乐园，两手空空的回到了家乡金坛。

把杂货店当做学校

华罗庚垂头丧气的回到家乡。清水河依然铮铮淙淙，流淌不息，伏在桥栏上，想着自己未来的人生路，华罗庚第一次感受到了命运的多舛和现实的冷酷。

"可是，我不能屈服，我一定要坚持学习。"他在心里默默地对自己说。

"你回来的正好，我老了，不中用了。往后，你就守着这个店吧，别再胡思乱想求什么学了，咱这鸡窝里飞不出金凤凰来！"华老祥根本不愿意去了解儿子心中在想些什么，把店里的事交代给华罗庚后，他常常到小茶馆里一坐就是大半天，喝喝茶、发发牢骚，以了残生。

16岁的华罗庚开始了他杂货店掌柜兼伙计的辛酸历

程。许多年以后，回忆起这段难忘的日子，华罗庚说：

"那正是我应当受教育的年月，但一个'穷'字，剥夺掉我的梦想，在西北风口上，擦着清水鼻涕，一双草鞋一支烟，一把灯草一把针地为了活命而挣扎。"

每天天刚放亮，华罗庚已经早早起来，放下门板，扫地，擦柜台，摆东西，一切都收拾好以后，就默默地站在那儿，等着顾客来买东西。有时候半天也没个人来，小店里永远是冷冷清清。一直站到晚上七点钟，上好门板，收好东西，然后算账，清点一天所卖的杂货，通常是几分钟，华罗庚就已经把账算的清清楚楚了。

第二天仍旧是这样，周而复始，苦难的日子总是让人觉得漫长而难挨。华罗庚不甘心就这样打发掉自己的一生。

"我还年轻，生活对我来说才刚刚开始，我为什么要放弃努力呢！不，我要坚持学习！"他在心里暗暗鼓励自己。

失学后，华罗庚只有一本《大代数》，一本《解析几何》，还有一本很薄的五十页的《微积分》小册子。就是在这三本书的基础上，华罗庚开始向数学高峰不断地攀登。

偶尔，有初中时期的同学从小店门前经过，这些人或是上了大学，或是谋到了好差事，都趾高气扬、昂首挺胸地越门而过，看都不屑看他一眼。华罗庚的心隐隐作痛，如果有机会上大学读书，他会比他们中的任何一个人都出色。如今，自己只能守着这三尺柜台，握着薄薄的两册书，把年轻的生命埋在无休无止的演算中，苦苦寻找通向理想王国的光明之路。

无形的压力和讥讽像一团迷雾包围着华罗庚，没有屈服。冬天，他站在西北风口上，任由肆虐的暴风雪闯进小店，又湿又冷的空气凝冻着他的生命，他流着清水鼻涕呆呆的给顾客们递着一卷卷灯草，一支支香烟，一根根针，他不愿意和顾客攀谈，顾客一走，他又埋头看书和演算。没有钱买本子，他就把包棉花的纸积攒起来，展平，整整齐齐地码在一起，写字、算题。

算入迷时，他常常会忘掉身处的严冬酷寒。一次姐姐莲青进来叫他吃饭，发现弟弟正低着头不停地写着什么，左手伸在柜台外面，手上已经结了冰凌！姐姐心疼地问他：

"弟弟，你这是在干什么呀？"

"噢，我甩鼻涕没甩掉，忘了擦了！"华罗庚经姐姐一问，才发现左手还没有收回来。弄掉冰凌，他不好意思地笑了。

姐姐莲青看着弟弟冻得红肿的小脸和双手鼻子一酸，眼泪吧嗒、吧嗒地落了下来。

又一天结束了，华罗庚直起腰，上好门板，胡乱地吃几口饭，就一头钻进自己那间小木板房里，点起小油灯，继续攻读数学。渐渐地，他忘了一天的疲劳，也忘了屋外的狂风大雪。

小木屋里不生火炉，房顶积雪一尺多厚，寒气逼人，华罗庚脚冻得僵硬了，可他仍然坚持着，每一页纸都是密密麻麻地写满了正反两面。有时候，睡醒了，想起一种解法，他忙爬起来，衣服也顾不得穿，点上灯，聚精会神地写起来，一双明亮的大眼睛里闪动着兴奋的光彩。

到了盛夏，小木屋里热得像个蒸笼，华罗庚满头大汗，衣服湿透了，他干脆脱下来放在一边，他的眼睛始终没离开过书，一只手抹着脸上的汗水，一只手仍在不停地演算着。

常常是在深夜，他一个人仰望星空，目光追寻着流星的轨迹，计算着自己的生命正在一分一秒地流逝，心里有很多感慨。

"抓紧时间吧！"华罗庚反复地对自己说。

当时，金坛县城里根本没有图书馆，要借到一本高等数学方面的书，真是太难了。华罗庚因此非常珍惜自己所能借到的书。每天只睡四个小时，还要在柜台前站十几个小时，他的生活中已经没有任何闲暇和娱乐了。有时遇到解不开的题，他吃饭也想，走路也想，卖东西时也想，整个人如呆似痴，傻了一样。

这一年冬天，腊月二十九的午后，天气奇冷。华罗庚正神游在自己的数学王国中，一位顾客匆匆地走进店门，抖落一身雪花，大声问："多少钱一支线？"

华罗庚正在算数学题，他一边在纸上飞快地写着，一边在嘴里念叨，根本没听见有人叫他，那个老乡只好又更大声地问了一遍。

华罗庚一脸茫然地抬头看了看来人，刚刚演算完的结果脱口而出："43526！"

"多少钱？"

"43526！"

买线的顾客吓了一跳，十分惊异地问道：

"一支棉线怎么会值这么多钱？"

柜台后面坐着的华老祥听见二人的对话，赶紧走过来解释，可那位老乡还是怒气冲冲地转身走了。华老祥又追出去说了几句好话。

回到店里，他见华罗庚还在低头写着什么，顿时火冒三丈，几步走过去，一把夺过儿子手里的书，三下两下撕碎了，扔进火炉里。华罗庚这时才算从数学迷宫里清醒过来，他抢到火炉边，一只手伸进去一阵乱抓，太晚了，破碎的书页都已燃成了灰烬，搅动之处，没有化成粉末的片片飞舞，像一只只黑色的蝴蝶，在雪白的世界里哀悼生命的短促和脆弱。华罗庚努力地想抓住这些轻盈的蝴蝶，可是到处都是青烟、寒冷、灰尘，他能抓住什么呢？他或许只是想抓住自己的梦想吧！华罗庚心疼的浑身发抖，眼前一黑，竟然晕倒在温热的火炉边上！

流年似水，华罗庚仍然在自己选定的路上，无怨无悔的走着。他很苦，很累，但是他走得很坚强，走得很执著，走的踏踏实实。

小店的生意仍然不好。顾客喊他买东西，他仍然常常听不见，答非所问，拿错东西，更是每天都会发生的故事。

时间久了，人们在闲暇时，都对华老祥说：

"你们家罗罗是不是脑子有毛病啊？整天这么颠三倒四的，你还是带他去看看病吧！"

"都怪那些'天书'，罗罗整天看书，人都看呆了！"华老祥把一切责任都归咎在华罗庚看的数学书上。因此，每次看见儿子看书，二话不说，上去就抢，抢了就烧，逼得华罗庚只能东躲西藏的看书，只有父亲不在家时，才敢放心大胆地把书拿到柜台上看。

有时候，不小心被父亲撞上了，父子二人就会发生激烈的抢夺和争吵。

"阿爸，把书还给我吧，这是我抄了十几个晚上的啊！"华罗庚死死地抓住书的一角不放。

"哼！你的命不好，没有生在书香门第，咱们是小买卖人家，你不好好照看生意，是不是想让全家人都喝西北风去！"父亲气呼呼地说。

　　"罗罗，人生在世，最要紧的是穿衣吃饭，你应该好好地帮你阿爸做些生意才对，不要总啃那些没用的书本了！"邻居们听见父子二人争吵不休，纷纷赶来劝说华罗庚。

　　华罗庚手里仍然抓着书，可是不再说什么，他深深了解，父亲为了能让全家人吃上饭，心里有多少忧愁和痛苦。贫穷不仅仅折磨着他一个人，而且折磨着他风烛残年的父亲、母亲，还有年轻的姐姐，还有他熟识或不熟识的乡邻！可是，越是贫穷，越需要知识啊！没有知识，就永远摆脱不了愚昧和落后！华罗庚在众人愁苦、焦灼的目光中再次坚定了自己的信念和决心。

　　后来，发生了一件意外的事，彻底转变了华老祥对儿子的看法，并且永远地打消了烧毁"天书"的念头。

　　那是一年秋天，华老祥照例代人收购蚕茧。罗庚随父亲一起到茧场给人点数。白花花的蚕茧在一个大院子里堆积如山，父亲一秤一秤的称，他在旁边一秤一秤的记。两个人辛辛苦苦地干了一整天，又贪了半宿黑，终于全部过了秤。又累又困，华罗庚不知不觉的在茧场上睡着了。

　　睡梦中，他觉得自己似乎长出了一对翅膀，在洁白的云朵上飞呀，飞呀，飞到一个有很多房子的地方停了下来，仔细一看，原来是一个好大的校园！教室里干净而且明亮，很多学生在认真地听讲，他高兴极了，赶紧找个地方坐下来，可没过一会儿，下课铃响了，校园里变得非常喧闹……

华罗庚被喧闹声吵醒了，他发现院子里站了很多人，黑压压的一片。人们都在向老板作揖，有的甚至跪在地上连连磕头，华罗庚很奇怪，忙问父亲：

"阿爸，发生了什么事？"

"唉，有两本账对不上了，差上千块钱呢！这可怎么办好呀，你知道的，这些茧农非常不容易，这不是要让他们倾家荡产嘛！"

"阿爸，跟老板说让那些伙计先去吃饭吧，我自己来算一遍。"华罗庚说完，拿过账本，抓起算盘，噼里啪啦地算了起来。伙计们吃完饭走进来时，华罗庚刚好合上账本，站起来。

"账对上了，一文不差。"

伙计们又仔细核对了两遍，果然分毫不差。

"呀！没想到罗呆子还是个活算盘啊！往后再碰到这样的事，还得找他。"老板和伙计们都冲着华罗庚和华老祥竖起了大拇指。华老祥心里也美滋滋的。心想：儿子虽然看起来呆头呆脑的，关键时刻还真有两下子，不能再小看他了，大概那些"天书"没白念，以后，还是不要再管他了。

华罗庚的"神算"渐渐在乡邻中有点名气了。这一天，有个人走进小店，开口就说：

"听人说你算账很快，我想考考你。有这么一道题：有个数，三三数剩二，五五数剩三，七七数剩二，我想知道这个数是多少？"

华罗庚看了一眼那人得意的神情，心里觉得很好笑，他想都没想就回答道：

"这个数是23。"

"啊……你怎么知道的？"那人呆了半晌，才拖长了声音问。

"我是这么想的，三三数余二，七七数也余二，这道题的公式可能是：三乘七加二等于二十三，用五除之恰余三。所以，我确定所求之数是二十三。"

"噢，你看过《孙子兵法》吧？这是《孙子算经》上著名的中国剩余定理。"

"没有，我是用自己的'直接法'算的。"华罗庚脸上带着诚恳的微笑说道。

那人听了，连声说"佩服、佩服，"出门去了。

华罗庚依旧苦苦自学，不骄不躁，不烦不恼，每解开一道难题，他依旧沉浸在别人无法理解的喜悦之中。1928

年的秋天，传来了一个令华罗庚无比振奋的消息：自己最敬重的老师王维克从法国回故乡金坛来了！

原来，就在华罗庚初中毕业那年王维克应邀赴法国留学，进入巴黎大学攻读数理和天文，并且成了居里夫人的一名学生！

学成后归国，王维克决定仍回家乡，献身祖国的教育事业。

第二天一大早，华罗庚就满怀欣喜的去看望老师。王维克拍了拍罗庚的肩膀，注视了他好半天。罗庚比过去长高了，也更懂事了，就不知道他在数学上有没有长进，待会儿一定好好问问他。

王维克和夫人热情的挽留罗庚在家中吃饭，以便好好叙叙别后之情。几句问话之后，王维克首先把话题引到数学上来：

"罗庚，你还在进修数学吗？"

"初中毕业后，我曾去上海中华职业学校读书。可是那里的老师不允许我在做题时另辟蹊径，他们说我的想法荒唐可笑，我很难过，再加上家里实在太穷了，我就退了学回家来，帮助父亲经营小店，一边自学，现在，高等数学和方程式论我都学完了。"见到自始至终都热切地支持自己学习数学的王维克老师，华罗庚像与父母失散了多年的孩子，突然见到了亲人一样，不停地诉说着，数年的艰辛与委屈，就这样烟消云散了，华罗庚觉得心里轻松多了。

王维克在一边认真地听着，他被华罗庚的遭遇、毅力和志向深深地感动了。

"不要灰心，穷是暂时的，不要被它打垮，有机会，我会介绍你去做数学教师，这样，你既可以为家里增加一些收入，又可以收到教学相长之益。"华罗庚感激地点了点头。

过了没多久，王维克老师就实践了自己的诺言。1929年，金坛县中学闹风潮，原来的校长被解职，留过洋的王维克顺理成章地成为这个学校的校长。上任以后，他马上把原来不称职的会计、庶务员、事务主任全部解雇了，三个人的工作聘请华罗庚一个人来做，每月的薪水是十八块大洋。

华罗庚终于告别了冰冷的柜台。乡邻间因为他有了正式的工作，也没有人再喊他"罗呆子"了。可是，沉浸在喜悦当中的华罗庚和他的家人怎么也想不到，冷酷的命运正张开血盆大口，等待他一步一步走向自己一生中最大、最惨痛的不幸。

第一位伯乐——王维克老师

华罗庚在金坛中学一丝不苟地做着属于他的工作。他不厌其烦的记账、领款、发款；购买教学用品，登记后发放；甚至连教师们用的铅笔，也一根根削好了放在每个人的桌上。学校的各项事务，他都弄得井井有条。华罗庚热爱自己的工作，他做的很多事都不是职务要求的。每天放学后，他总是一个人在校园里巡视一周，看看各个教室的黑板有没有擦干净，灯有没有熄，门窗是否关紧了，然后才安心的下班回家。他默默地而且愉快地做着这一切，从未想过有什么回报。

业余时间，他仍然充满激情的钻研数学，在这一领域中愈走愈远。如豆的灯光，伴着他度过了许多无名的夜晚；摇曳的星河，为他写下漫长的人生旅途中一首又一首无眠的歌！

王维克老师对华罗庚的工作非常满意，他想提拔他做一名数学老师。谁知，教员名单报到县里审批时，却被打了回来，原因是华罗庚是个初中毕业生，没有资格当教师。

王维克很恼火，他深知以华罗庚现在的水平，比一些大学毕业的老师不知要高出多少倍，当个中学老师可以说是绰绰有余，为什么凭一纸学历就决定一个人一生的命运呢？王维克很不服气，他亲自跑到县里，为华罗庚申辩：

"华罗庚是个难得的人才，他对数学很有研究，而且他还有论文发表在《科学》杂志上！"

"那不算资格！他没读过大学，我们不能让他当老师，他会误人子弟！"答复是极其冷淡而且没有商量余地的。

"没有资格……那我也要请他做教员！"王维克愤愤不平地扔下这句话，回到金坛中学，真的请华罗庚做了一个班的代数老师。

全家人都为华罗庚实现了自己的心愿而高兴。早在1928年的春天，父亲、母亲见儿子只顾埋头读书，很少和人来往，就悄悄地为他选中了一个名叫吴筱元的秀丽端庄的姑娘，经过一番精心的筹备，吹吹打打地用花轿抬进华家，与罗庚成了亲。吴筱元和华莲青是同学，两个人感情很好。吴家原是个大户人家，筱元父亲曾做过官，只是死的早些，家道中落了，所以才和穷苦的华家结亲。

结婚以后，罗庚很体贴妻子，一些重活总是自己挤时间干。筱元虽然也只有18岁，却非常能干，又知书达礼，与家人同甘共苦，从无怨言。一年后，他们有了一个可爱的女儿华顺。

就在一家人和和乐乐的过日子，对未来充满了希望的时候，不幸降临了。母亲病逝了。接着，金坛瘟疫蔓延。农历腊月二十三这天，因为是小年，学校只上半天课。华罗庚整理好东西回到家里，吃了两个汤圆，忽然觉得身上一阵一阵发冷，他想自己也许是感冒了，就喝了点儿热水，拉了一床被子盖在身上，打算睡一会儿，休息一下。吴筱元忙跑过来，问他怎么了，罗庚无力地摇了摇头，就闭上眼睛睡着了。

天很快黑了下来，筱元过来叫丈夫起床吃晚饭，可任凭她怎么叫，华罗庚就是不醒，她吓坏了，忙叫来父亲，华老祥一看儿子发着高烧，说着胡话，昏迷不醒，就知道儿子感染上伤寒了，他的心顿时像三九天掉进冰窟窿里，冷的血液都快凝固了。吴筱元看着丈夫在床上翻来滚去，痛苦不堪的样子，忍不住放声大哭。

华罗庚从此一病不起。

金坛的医生对瘟疫流行束手无策。华老祥就和女儿去了苏州请医生，请一趟医生要花掉四块大洋。为了救活儿子，华老祥把家里的东西都送进了当铺。吴筱元把结婚时，母亲送她的仅有的两件首饰也当掉了。

一个月，又一个月过去了，华罗庚依旧躺在床上，时而清醒，时而昏迷，气息奄奄。妻子的眼泪，姐姐的哭泣，父亲那绝望的叹息，连同屋子里沉闷的空气，搅和在一起，不断地提醒他：死神的脚步正在逼近他！十九岁的青春年华就要埋葬在病魔之手，他随时都有可能和苦难的人生做最后的诀别！

吴筱元坐在床边，默默垂泪。她既要起早贪黑的照顾孩子，又要和莲青一起为家人做饭洗衣，还得尽心尽力的照顾病人。天寒地冻，每次丈夫大、小便，她都钻到被窝里服侍，生怕丈夫再添别的病。十八九岁如花的少女在贫病交加的环境中迅速地憔悴了。结婚时的几件新衣服都进了当铺，筱元一身上下都是补丁，散发着浓浓的汤药味，几个月下来，她整个人都瘦了一圈！

"不要再下药了，没用了，他想吃什么，就给他弄点什么吃吧！"

几个大夫的最后判决是如此惊人的相似。

"不，只要还有一线希望，我说什么也要治好他！"筱元太年轻了，他热爱生活，热爱生命，两个人恩恩爱爱的日子才刚刚开始，她无论如何也接受不了这么悲惨的现实，她要用自己的真诚、炽烈的爱，勇敢地把丈夫从死神手里夺回来！

一天，王维克老师又来看望重病的华罗庚，他焦急的询问着病情，华罗庚隐隐约约地听到了老师的声音，他挣扎着想答话，却怎么也发不出声来。王维克俯下身去，查看罗庚的脸色，吴筱元连忙阻止他：

"王先生，您别太靠近他，医生说伤寒是会传染的，您要当心自己的身体。"说完了，她走过去，细心地替罗庚披了披被角。

王维克感动的点了点头，他发现这个19岁的姑娘身上，蕴藏着极其高贵的品质和无穷的生命力。如果华罗庚能够战胜这场劫难，那么，他的妻子将成为这一艰险历程中光彩夺目的指路明灯。想到这儿，他说：

"别发愁，筱元，相信上天不会无缘无故残害善良的好人，罗庚会好起来的。让他安心养病吧，月薪我照样派人送来，他教的课由我代上！"由于他经常来看望华罗庚，自己也染上了伤寒，不久就卧床不起了。

华罗庚在床上一躺就是半年。有一天，他的左手忽然肿起来了，接着，左臂疼痛难忍，左腿以至左边半个身子都疼得一动也不敢动，仿佛有成千上万的蚂蚁在噬咬他的肌肉和骨头，华罗庚疼得额头上滚下豆大的汗珠，他紧咬嘴唇，直到双唇渗出鲜红的血来！

疼痛煎熬着他，日子仍然不紧不慢的一天天过去了。原来喊疼的部位肌肉开始溃烂，吴筱元一遍一遍地为丈夫敷药、清洗伤口，像在看护一个弱小的婴儿，她已经记不得自己有多少个不眠之夜了！因为有她的精心照料，华罗庚的病情渐渐好转了。

残冬消尽，"春风又绿江南岸"，清河桥畔再次铺满鹅黄嫩绿，到处是草长莺飞。柔和的煦风，明媚的阳光，给无数人带来了新的希望。挣扎了大半年，终于战胜了死神的华罗庚，在妻子的搀扶下，从床上起来了。可是，一件意想不到的事情发生了。

华罗庚双腿刚刚沾地，身子还没站稳，就"扑通"一声摔倒在床前。妻子赶紧把他扶起来，连声问：

"罗庚，你怎么了？你什么地方不舒服吗？"

"我的腿，我的腿坏了！我再也不能走路了！天啊，我该怎么办？"华罗庚的声音里充满了绝望。原来，伤寒病菌侵袭了他的关节，在他疼痛难忍时，他左腿的关节发生了粘连和变形。这场大病使年仅19岁的华罗庚变成了一个瘸子！

"这年月，身体健康的人活着都不容易，更何况我现在成了这模样，全家人都还指望着我，唉，命运为什么对我这么苛刻呢！"华罗庚拉着妻子的手，沮丧地说。

"不要难过，你能活下来已经是不幸中的万幸了，别想那么多了。我去找一根拐杖给你，你可以扶着它慢慢适应。"吴筱元的心里何尝不是千般无奈，万种哀愁，可是，看着瘦骨嶙峋、脸色苍白的丈夫，除了说几句安慰的话，她又能做些什么呢？

又是一年端午。这一天，整日下着细细密密的小雨，淋得人的心情也湿漉漉的。大病初愈的华罗庚，撑着一把旧伞，拄着一根拐杖，穿过茫茫雨雾，一瘸一拐的出现在金坛县城的一条街道上。

他的右脚每向前迈一步，左脚就在空中画一个圆圈，努力地跟上右脚的步伐，用他自己的话说：这是"圆和切线的运动"。四邻们看着华罗庚在凄风冷雨中一个人踽踽而行的样子，忍不住纷纷叹息：

"唉，你看华家这孩子，年纪轻轻的，就变成了这个样子，一家人老的老，小的小，往后的日子可怎么过呀！"乡邻的慨叹勾起了华罗庚满怀愁绪，他抬起头，望望前方，迷迷蒙蒙的雨雾遮挡着他的视线，什么都看不清楚，他只觉得鼻子一酸，眼泪和着雨水一起流了下来。

华罗庚一步一挪，艰难的来到了王维克老师家。王维克因为病势不重，所以痊愈的较快。他同意华罗庚仍留在金坛中学教书。可是，过了不长时间，有人到县里告了王维克一状：说他任用了一个不合格的，而且是瘸了腿的人做教师。王维克愤然辞职，离开金坛到湖南大学教书去了。华罗庚一家人再次面临饥饿的威胁。

幸好，新上任的校长韩大受，也是一个心地善良的人，他诚恳地对华罗庚说：

"书，我是不能再让你教了，因为王校长就是因为让你教书才被迫辞职的；别的校长都是自己带会计上任，我不带，这个学校的会计就由你接着干吧！"

华罗庚感激地点了点头，虽然不能讲课，但有个差事，生活总算有了着落。他开始一如既往的关心学校，爱护学生。业余时间，也仍旧在昏暗的灯下刻苦攻读。

"我要用健全的头脑，代替不健全的双腿！"华罗庚下定决心，即使有再多的艰险和挫折，也一定要在数学研究这条路上留下自己永不磨灭的足迹！

第二位伯乐——熊庆来教授

　　一分耕耘一分收获。"宝剑锋自磨砺出"！华罗庚几年来呕心沥血的自学之路上，终于第一次响起了令人振奋的掌声。

　　一天，邮差送来了一个厚厚的大信封。华罗庚抚摸着略微有些粗糙的封皮，心里"怦怦"直跳。撕开封口，里面正"躺着"刚刚出版的上海《科学》杂志第十五卷第二期。他的手激动得有些发抖，急急地翻到目录：《苏家驹之代数的五次方程式解法不能成立之理由》的大标题后面，清晰地印着"华罗庚"三个字。一瞬间，华罗庚想起了小木屋里无数个雪花飞舞、滴水成冰的日子，无数个热浪扑面、挥汗如雨的日子；无数个讥讽、嘲弄，无数的打击和怜悯……最后，他想到了王维克老师的鼓励，论文寄出前的一幕幕往事也随之浮现在他的眼前……

那时候，他还没有生病。每天风风火火的上班，记账，讲课，读书。一个偶然的机会，他从一位朋友那里借到一本《学艺》杂志第七卷第十号，上面刊登了苏家驹教授的一篇论文，题目是《代数的五次方程式之解法》。读了两遍之后，他想写一篇文章阐述一下自己的观点。可是，刚写了没几行，他就停笔了，数学史上一个几乎人人皆知的故事使他陷入了犹豫和矛盾之中。

故事是这样的：十九世纪二十年代，一位热爱数学，并且对数学很有研究的挪威青年，提出了一个具有创造意义的观点，就这一观点，他写了一篇题为《代数的五次方程式解法不可能存在》的论文。可是当他把这篇论文送给数学大师高斯看时，高斯只看了题目，就怒气冲冲地说：

"你怎么能写出这样的论文，你的观点是根本不可能成立的！"那位挪威青年吓的呆愣了半天，然后小心翼翼地退了出去。他的伟大发现也就此被久负盛名的数学权威的一句话打入了科学的冷宫。直到这位叫阿贝尔的青年离开人世十二年之后，他的论文才得到世人的公正评价。

华罗庚想起这个故事不是没有道理的：苏家驹教授大名鼎鼎，成就卓著；而自己只是个无名之辈，万一教授怪罪下来，自己岂不是连"饭碗"都要砸掉吗？

王维克老师一如既往的鼓励他：

"罗庚，我们中国有句古语，叫'金无足赤，人无完人'，就是圣人也难免有错，只要你讲得有道理，苏教授会赞同的。你不必担心，认真去做吧！"

于是，过了没多久，华罗庚写出了《苏家驹之代数的五次方程式解法不能成立之理由》这篇论文。写好之后，他又送给王维克看，王维克被他严密的逻辑性、翔实的理论和巨大的勇气所折服，大加赞扬后，要他立即寄给上海的《科学》杂志。论文寄出后数日，华罗庚就病倒了。

病魔的折磨，生活的重担愈来愈使华罗庚感到压抑和茫然，他只不过是天性倔强，不肯向命运低头罢了！现在，这本杂志的编辑冒着使著名的大学教授难堪的风险，把自己这个无名晚辈的论文全文刊登出来，这怎么不使他感动和兴奋呢！自己的研究成果得到了确认，也就等于这个世界承认了自己生命的价值。

华罗庚把这个好消息告诉全家时，父亲、姐姐、妻子都为他高兴地落了泪。当天晚上，姐姐莲青特意多做了两个小菜，以示庆祝。华罗庚看着一家人难得的欢乐和满含期待的目光，心里觉得沉甸甸的，不知道其中有多少是责任，有多少是酸楚……

金坛小城中的生活，像清河桥下的流水一样，不急不缓，没有什么动荡，也没有太大的波澜。可是，1930年

"华罗庚"这个名字在美丽的清华园里仿佛是一粒石子，落尽平静的水面，荡起了一层层涟漪。

发现华罗庚这匹千里马的第一位伯乐应属王维克老师，要说起第二位伯乐，著名的数学家熊庆来则当之无愧。

熊庆来教授早年曾赴美国芝加哥大学留学，后来又到法国留学，回国后，致力于中国数学科学的开拓工作。先后在南京东南大学、北京清华大学等学校创办了数学系。培养数学人才，讲课，编写教材，批改作业，还不到一年时间，他就累的吐血了。

熊庆来曾在清华大学做过长达八年的数学系主任。为了改变中国的落后状况，他和竺可桢等一些从科学技术发达国家归来的留学生，又约了几位志同道合的科学家，成立了中国科学社，创办了一个名叫《科学》的刊物。杂志社设在上海。编辑们以发现人才，追求真理为宗旨，细心、慎重地处理每一份来搞，凡是认为重要的文章都推荐给熊庆来教授等人审阅。

华罗庚不断地把自己写的论文寄给这本杂志。他的出色论证终于引起了主编柳大纲的注意。1930年的一天，柳大纲亲自把一篇刚刚收到不久的论文，送到了熊庆来教授的书桌上。论文的开头是这样写的：

"五次方程式经Abel，Galois之证明后，一般算学者均认为不可以代数解矣，而《学艺》七卷十号载有苏君之'代数的五次方程式之解法'一文，罗欣读之而研究之……惟自思若不将Abel言论驳倒，终不能完全此种理论，故罗沉思于Abel之论中，凡一月阅，见其条例精严，无懈可击……遂从事于苏君解法确否之工作，于六月中遂得其不能成立之理由，罗安敢自秘，特公之于世，尚祈示正焉。"接下去是解法简述，然后指出了苏家驹教授论证中的谬误所在。

这就是华罗庚第一篇引起数学界瞩目的论文《苏家驹之代数的五次方程式解法不能成立之理由》。

熊庆来一口气读了好几遍，他反复地推敲，发觉华罗庚的论证与当年阿贝尔的论述是同样的精严缜密、无懈可击。合上厚厚的文稿，熊庆来陷入了沉思。他脸上的表情是那么的明朗、愉悦、兴奋和欣慰。温暖的阳光洒满整个屋子，散落在他的桌子上、眼睛里，一切是那么的温暖，那么的和谐。

良久，他环视了一下办公室里其他几位数学教师，微笑着问：

"你们知道华罗庚是做什么的吗？他是哪的人？"没有一个人能回答上来。

等到几个人把论文传看一遍后，有的老师肯定地说：

"这个华罗庚一定是留学生。"

"我看，也可能在哪个大学里教书，他写的这篇论文的水平远远超过了大学教授！"又一位老师发表了自己的看法。

可是，谁又能想到，华罗庚只不过是一个初中毕业生，在一个偏僻的县城中学干杂务，此刻正躺在病床上，被病魔折磨得奄奄一息，全家人生活在饥寒交迫之中，他本人正在和死神做着殊死搏斗呢？！

熊庆来爱才如命，他连夜查看了清华的"归国学生联合会"会员名单，没有"华罗庚"这个名字。他不肯就此放弃，经过一番苦苦的追寻，终于查到了一个了解华罗庚身世的人。这个人叫唐培经，在清华大学做助教，他是华罗庚的同乡。

唐培经没有夸张，没有渲染，他把华罗庚十几年坎坎坷坷的人生历程原原本本地讲述给了熊庆来。

熊庆来感到有一种说不出的苦涩梗在心头：祖国，你什么时候才能富强？什么时候才能让你的儿女不再为衣食而挣扎！什么时候才能让所有人有机会读书、上学、去学他们想学的东西！去干他们想干的事业！

就在二人谈话的过程中，熊庆来已经下定决心：一定要把这个意志顽强、才学过人的青年请到清华任教。华罗庚的惨痛遭遇深深地打动了他，同时华罗庚在数学研究中表现出来的非凡才能也牢牢地吸引了他。

第二天，他找到了清华大学的校长，把这一切讲给校长听，然后又奔走于各个部门之间，亲自交涉每一处细节。天道酬勤，经过熊庆来一番苦苦"游说"，学校方面终于同意了他的要求，决定接纳华罗庚到清华大学工作。

熊庆来兴高采烈地找到唐培经：

"请你假期回家乡时，一定去看望一下华罗庚，告诉他，如果他愿意的话，我们打算聘请他到清华来当助理员。"

1932年暑假，唐培经从北京回到金坛。他立刻赶到华罗庚家中，把熊庆来教授的心意转达给仍旧在疲惫中挣扎、求索的华罗庚。最后，他又强调似的补充了一句：

"熊教授很欣赏你，他希望你能尽快赴京。"

夕阳的斜晖随意涂抹着华罗庚破旧的小木屋，他一个人默默地坐在清水河岸边，看着细细碎碎的金光在河面上闪动，听着不远处低矮的房子里传出无休止的争吵和咒骂声，他的心里非常难受。一个多么好的机会，他可以离开这个喧嚷、闭塞、困顿的地方，去那个他只有在梦中才敢想一想的人才荟萃的最高学府，去聆听博学的大师的教诲，去畅游浩森如烟的书海——这一切，对他来说，曾经是多么的遥远。如今，国内外久负盛名的大数学家熊庆来教授，竟愿意为他这样一个无名青年辛苦地奔走，并且热情地邀请他即刻起程。华罗庚却没有办法接受熊庆来的好意，因为家中已无隔夜之粮，让他到哪儿去弄进京的路费呢？想到可能就此与自己一生的理想失之交臂，华罗庚心痛的浑身发抖。这一天，他一个人在河边整整坐了一夜。

去清华大学的事就这样暂时搁置起来了。

熊庆来教授怎么也想不到华罗庚是因为没有路费才没能来北京，他见金坛方面一直没有消息，就亲自写了一封言辞恳切的信，催促华罗庚，他在信中说：

"华先生，如果你不能到清华来，我将专程赴金坛拜访你！"

华罗庚的父亲听儿子讲述了这位远在北京的大教授几番热诚的邀请，对儿子说：

"罗庚，去吧，路费的事阿爸帮你想办法，这可能是你一生中唯一的机会了，错过了，也许你就一辈子待在这个学校里干干杂活，待在这个小县城里为了一口饭，为了活命而劳碌、奔波，去吧，阿爸知道你从小喜欢读书，家里的事不用你惦记，我们会照顾好自己的。"

年逾花甲的华老祥开始一家挨一家地求告，可是，三十年代初的中国乡镇，又有多少百姓能有衣食之余呢！几乎借遍了所有亲友，又变卖了家中仅有的几件东西，好不容易才凑齐了所需的路费。

一个深秋的早晨，风轻云静，华罗庚穿着他那件仅有的白布长衫，告别了故乡，告别了亲人，满怀着对未来生活的向往，踏上了北去的列车。

当列车一阵长鸣，驶进北京站台时，出站口前，熊教授派来迎接华罗庚的一位老师，正握着一张照片，目不转睛地盯着移动的人流，他焦急地东张西望，生怕漏掉了自己要找的人。当华罗庚拄着拐杖一摇一晃地出现在他面前时，那位教师脱口说道：

"哎呀，原来你是个瘸子，如果早知道，我就不用费那么大的劲儿了，一眼就能认出你来了！"

华罗庚没有介意他的话，抱歉地笑了笑说："真是太感谢您了，如果不是您来接我，我还真不知道该怎么走呢。"

走进清华园，华罗庚觉得自己整个精神为之一振，高大的树木隔开了墙外的喧闹；静谧、肃穆的气氛中，流动着对生命深处的思考；古朴、凝重的建筑上，悬挂着进入科学殿堂的钥匙。初见清华园的感觉一直深深地铭刻在华罗庚的心里，直到多年以后，他又见清华园的那一时刻，仍然清晰地感觉到了自己的生命在这个美丽的校园里，是怎样的充盈和自由。

关于华罗庚的工作，熊庆来教授早在邀请发出之前，就颇费了一番思忖，让他做助教吧，没有大学毕业的资格，又是不合格的教员；不让他做教师吧，又违背了自己请他来的初衷，怎么办呢？最后，他只好想了一个权宜之策：

"华先生，实在抱歉，暂时还不能请你讲课，你就先在数学系当个助理吧，管管公文，管管图书，打打字，可以吗？"

华罗庚没有过高的要求，有书读，能听课，遇到难题可以向教授们请教，这对他已经足够了。他开始兢兢业业地干起了助理员的工作。给各位教授领教学用品、抄写材料，通知各种事宜，一个人干着几个人的工作，每月工资40元，只相当于助教的一半薪水，可他仍然很高兴，一个月省俭下来，还可以给家中寄回几十元钱。

一天，他见熊庆来没有课，忙走过去，腼腆地问：

"熊先生，您能允许我听您讲的高等数学分析吗？"华罗庚以前多次读到过熊庆来写的关于函数和亚纯函数方面的精彩论文，对其非常钦佩。

"你还是由浅入深系统地从头学起吧，先去听听初等微积分，争取通过大学考试，不然，将来的事也不好办，你看行吗？"熊庆来坦诚地劝道。

"可是，我连高中文凭都没有，怎么参加大学考试呢？"华罗庚默默地在心里说。

华罗庚并没有按照熊教授的意见去做，因为他觉得一个人的生命实在是太短暂了，从头学起，不是太慢了吗，等到自己听完了基础课程，教授们的研究可能已经走得更远了，自己永远跟在后面亦步亦趋，什么时候才能有独创的理论成就呢？他不甘心，于是，从这一天起，工作之余的全部时间，他一头钻进了图书馆。

每天只睡四五个小时，华罗庚仍然觉得时间不够用。

为了赶上别人，他付出了数倍的心血和汗水。无数个深夜，他在宿舍的灯下攻读厚厚的理论，每当疲倦时，他的眼前就会浮现出父亲那张满是皱纹的脸，妻子那双会说话的大眼睛，女儿华顺可爱的小模样，还有为了能让自己读书，不知吃了多少苦的姐姐莲青，还有因为自己而远走他乡的王维克老师，除了女儿，这些人哪个不是对他恩重如山呢？想起这一切，华罗庚觉得有无穷的力量支撑着他，不断地跨越科学上的障碍，不断地冲破科学的谜团，他决定一往无前地走下去，到中流击水……

没读过大学的清华园教授

华罗庚在清华园里埋头读书，浑然忘了身外的世界。他在苦心钻研数学的同时，还自学了英文、德文、法文。很快，他就在外国的数学杂志上，连续发表了三篇用英文写的数学论文。这件事轰动了整个数学系。原本对华罗庚抱有怀疑态度的人，也都转变了看法，人们开始对这个初中毕业的残疾青年刮目相看了。

华罗庚依旧勤勉、谦逊。他任劳任怨地做着各种琐碎的工作；起早贪黑地读书、演算。熊庆来也对华罗庚的进步速度感到惊异。半年后的一天，他亲自找到正在思考问题的华罗庚：

"这学期我讲数论，华先生，我邀请您去听课！"华罗庚高兴地答应了。"这说明熊教授认为自己已经有资格听他讲课了，"华罗庚心里十分激动。

不久，清华大学的教授们召开了一次特别会议，会上一致通过：破格让华罗庚给数学系的学生讲授微积分。华罗庚就这样登上了清华大学的讲坛。学生们都知道他是个初中毕业生，可是，没有一个人瞧不起他。每次，华罗庚瘸着腿走进教室，把拐杖放在一边，翻开书，开始讲课时，同学们都比其他课更安静，听得更用心。

有几次，学生看见他悄悄地擦汗，就端了把椅子上去请他坐，华罗庚说什么也不肯，一定要站着讲完课，才肯坐下来休息。那时候，他只比学生大几岁，课间闲谈，他很少说起那些痛苦的往事，他愿意和学生一起谈理想，谈未来，谈振兴我们的祖国。

华罗庚进入清华园的三年多时间，先后在欧美、日本等各国数学杂志上发表了十几篇关于数论方面的论文。文章中新颖、独到的见解和逼人魂魄的智慧引起了国内外数学界人士的高度重视，华罗庚像一颗耀眼的新星正迅速从东方升起。

熊庆来感到华罗庚已经逐渐地超越了自己。一天，他为了一道题苦思而不得其解。写过的纸堆满了桌面，他不停地用铅笔拍打自己的脑门，可是却一点儿灵感也没有。这时，恰好华罗庚下课回来，熊庆来赶忙叫住他：

"华先生，有时间吗？请过来帮我看看这道题怎么解啊！"

"好，我马上来。"

华罗庚放下手里的东西水也顾不上喝一口，就来到熊庆来的桌前，他谦虚地笑了一笑说：

"我和您一起研究一下，看看能不能想出解题方法，请您先说说您的想法，好吗？"

随着熊庆来简洁而清晰的叙述，华罗庚陷入了深深的思考。片刻，他拿起纸、笔飞快地写了起来，一张张纸写满了数字和公式后，放在一边。很快桌子上的纸堆不下了，熊庆来一阵手忙脚乱地收拾，给华罗庚又腾出一块地方，自己继续聚精会神地盯着华罗庚的笔尖，在纸上"沙沙"地移动，同时大脑也跟着飞快地转动着，一个小时过去了，华罗庚终于抬起头，挺了挺弯的酸痛的后背，笑着说：

"熊先生，您看这道题这样解可以吗？"

熊庆来几乎要击掌叫好了，他又仔细地看了一遍华罗庚演算的过程，忍不住由衷地赞叹道：

"华先生，您可真是一位数学天才啊！"

华罗庚年仅25岁，就已蜚声国际。他对当代数学发展做出的杰出贡献，使很多外国学者产生了想深入了解中国数学界的兴趣。因为在他们心中，虽然中国古代的算学知识十分丰富，但是到了现代，数学研究已经相当落后了。

华罗庚的出现，仿佛是一座沉寂了多年的火山，突然喷发，智慧的岩浆不断地散发出惊人的热量和光芒，吸引了无数人的目光，同时照亮了数学研究中许多暗淡的空白。

清华大学的教授们也同时感受着这种光和热，他们觉得不能再沉默下去了，应该向发现这位人才的熊庆来教授一样，努力改善华罗庚的学习、工作和生活状况。因为华罗庚直到现在仍然只是数学系的一个助教员。

1935年冬季的一天，窗外刮着凛冽的北风，屋子里，清华大学的校领导和各个系的教授们正在热烈地争论者。这次大会要讨论的问题只有一个：在清华大学这样一所世界著名的高等学府，能不能把一个只有初中毕业文凭的青年提升为教师？

会议由清华大学管理学院院长叶企荪主持。教授们各持己见，争论不休。

"让一个初中毕业生做大学教师，这也太不成体统了。这样下去，我担心国内外的舆论，还不知道会把我们清华大学说成什么呢！"一位教授言辞之间颇有些"义愤填膺"。

"是啊，这样做是要引起非议的，得慎重啊！"又一位老教授带着深深的忧虑附和道。

"你们这么说是不公平的，"数学系一位很了解华罗庚的教师站起来为他鸣不平了：

"华罗庚虽然没有读过大学，可是他自学完了全部的大学课程，而且他的成就也远远地超过了大学毕业生……"

"我认为，甚至连一些大学教授也望尘莫及，他的研究成果明明白白地摆在我们面前，难道这不比一纸文凭更有说服力吗？"旁边的一位老师接着说道。

很多教授都发表了自己的看法，争论始终围绕着这两种观点。最后，叶企荪院长看了看时间，示意大家静下来，他略微沉吟了一小会儿，然后十分明确地说：

"我们清华大学出了个华罗庚，这是好事，应该鼓励所有的年轻人都像他一样，献身科学，为国争光。我相信华罗庚会成为一名优秀的大学教师，我们不要被资格所限制！"

华罗庚含着激动的泪花，望着这些关心、爱护自己的师长，他突然觉得自己在千千万万不幸的人中，其实又是多么幸运的一个！他从一个被迫辍学的少年，经历了无数的煎熬和沉重的打击，终于实现了自己的心愿，成为一名真正的大学教师。不久，他又被破格晋升为教授。

不要博士学位的剑桥学者

冬去春来，华罗庚到清华园已经是五个年头了。他把自己的全身心都投入到数学王国中，花开花谢，日落日升，他在苦读和勤研中成熟起来了。

1936年夏天，由学校推荐，中华文化教育基金委员会保送，华罗庚到英国剑桥大学留学。为了掌握西方现代数学的最新理论，华罗庚不得不离开祖国和亲人去西方深造。

华罗庚和周培源结伴，从北京乘火车出发。列车经过西伯利亚茫茫无际的雪原，一路呼啸着向西驶去。到达英国首都伦敦后，两个人在学校附近找了一个简陋的住处，放下行李就到剑桥大学报到了。

剑桥大学的校长，著名的数学家哈代到美国访问去了。负责接待华罗庚的人，向他转告了这位数学大师临行前留下的话："请告诉华先生，凡是从东方来剑桥的学生，见面的第一件事就是问我们多长时间可以得到学位，如果华先生也需要的话，他可以在两年之间获得博士学位，而别人通常需要用3年时间。"接着，传话的人又说："哈代教授在您来英国之前，曾经读过您的论文，他认为您是一位能够独立思考的、有才华的东方青年，他对您的印象不错……"

"谢谢"华罗庚礼貌地打断了这个人的话，淡淡地说：

"谢谢哈代先生的好意，不过，请您转告哈代先生，我不远万里来到贵国，是为了学知识，而不是为了什么学位。我只希望你们允许我在贵校听听课，在图书馆里看看书就足够了。"

有着悠久历史的剑桥大学的校园里，浓荫覆盖，书声琅琅。世界各地的学者，纷纷慕名前来，交流经验，研讨学问，同时暗中比试着各自的高低。华罗庚很快就置身在这种紧张的竞赛氛围中了。他参加了一个由著名的数论学家组成的研究小组。

在这个小组里工作的有德国人埃斯特曼、汉斯、海尔波洛和英国人哈罗尔德、达凡波特、哈代、李特伍德、托伊特。在这一段时间里，华罗庚的主要研究方向是堆垒素数论中的问题。堆垒素数论涉及把整数分解成某些别的整数的和。其中有三个主要问题，即"华林问题"、"哥德巴赫猜想"和"他利问题"。

"华林问题"是这个学科中，华罗庚最透彻地研究过的一个问题。在清华时就曾关于这一问题发表过论文。哥德巴赫猜想是与华林问题关系最为密切的一个著名问题。很多数学家耗费了一生的时间和精力，仍旧无法在这个问题上有重大进展。科学史上有很多这样的例子：一些疑难问题的每一点突破，都需要一代甚至是几代人的不懈努力。而这些能够有所造就的科学家又必定是有着超人的毅力，为了科学，愿意作出任何牺牲的人。

华罗庚在华林问题和哥德巴赫猜想上的研究成果，很快就把他欧洲同事的工作包罗殆尽。十九世纪著名数学家高斯提出的三角合估计问题，在一些数学家看来也是极难逾越的。华罗庚在剑桥只用了大约一年的时间就解决了，而且写出了一篇相当精彩的论文：《论高斯的完整三角合估计问题》。论文在伦敦数学学报上发表后，引起了数学界的强烈震动，一夜之间，"华罗庚"这个名字在英国各大学校园几乎人人皆知了。

哈代亲自来看望华罗庚，并且十分诚恳地说："华先生，我对您来到剑桥时听到的那些话感到愧疚和抱歉，希望您没有介意。对您所取得的成就，我很敬佩"。

又过了半年，哈代再次找到华罗庚讨论堆垒素数论中的另一个问题，"他利问题"。华罗庚不慌不忙地阐述着自己的观点。

哈代一边听，一边不断地点头表示赞许。华罗庚讲完了，他高兴地说："华先生，您真是太了不起了。这在数学史上可以称作是'华氏定理'了！对了……"哈代说到这儿，似乎猛然想起了什么似的。

"我前些日子写了一本关于'他利问题'的书，您的观点给我很多启发，看来您早已经走到我的前面去了，我的书非得好好修改不可了。不过，我觉得您已经达到了这个问题的极限，再想跨越您，希望实在是太小、太渺茫了！"也许，我们可以把这些话理解成是世界数学权威哈代对华罗庚，这个年轻的东方学子的最高评价。

华罗庚在剑桥学习的两年时间里，就华林问题、他利问题、奇数的哥德巴赫问题，曾先后写了十八篇论文，分别发表在英、苏、印度、法国、德国的数学刊物上，他的成就早已超过了每一条学院式的要求，可是，因为他从没有正式申请过学位，所以一直到离开剑桥，他仍旧没有获得博士学位。

1937年7月7日，卢沟桥一声炮响，抗日战争爆发了。祖国大地上的烽火硝烟灼痛了他的心，他无法在宁静的校园中安心读书了，1938年，华罗庚告别了极力挽留他的来自各国的数学大师，在一片赞扬声中踏上了归国之路。

赴美国普林斯顿大学讲学

　　牯岭的胡金芳饭店，突然住进来一位奇怪的客人。这个人穿着一身的西服，土布衬衣，领带打得不是很妥帖，面黄肌瘦，看上去有三十多岁，个子很高，但是有一条腿跛得很厉害。饭店的茶房和一些新闻记者，除了对他那条跛腿投去好奇的一瞥之外，没有人注意到这个相当年轻的人，就是大名鼎鼎，声震中外的数学家华罗庚。

　　几天后的一个傍晚，吃过晚饭，华罗庚正一个人在房中休息，忽然传来一阵有节奏的叩门声。他很奇怪，喊了声"请进"后，门外走进来一个人。

　　来人首先做了自我介绍：

　　"我是上海《东南日报》记者赵浩生，听说您住在这儿，特地来采访您。"

华罗庚脸上的疑惑消失了，代之以一种奇怪的拘束感，他站起来，很客气地说：

"您请坐，我不知道您想了解什么，我很平常，您请问吧。"

"华先生，我们就从您刚刚结束的苏联之行谈起，好吗？我想听听您在苏联了解到的他们国内数学科学的发展情况。"

一说起数学，华罗庚马上滔滔不绝，他谈了苏联对实用科学和理论科学的重视，也谈到中国目前的教学方法，对一些责任心不强的教员，他毫无保留地表明了自己的态度：

"许多先生不愿意改练习，很多题目自己在黑板上演算一遍，让学生照抄了事：另一种毛病是不愿当堂答复学生的问题，这一种态度最坏。"

"我教书时，对学生提出的任何问题都要在课堂上答复，这样可以训练学生如何去'想'。如果当时真解答不了，我会坦白地对学生说，我要回去好好思考一下，不要因为怕丢面子，就三言两语含糊其辞地搪塞了事。"

接着，两个人又谈到中国人的科学研究能力和国内现有的研究环境，华罗庚反复强调"中国人绝对不比外国人差"这一观点，但同时他也承认：连年战火、贫穷、动乱严重干扰着科学家的学习和研究工作，而且国内的科学设备还相当差，很多实验无法完成。

华罗庚和这位记者畅谈了很久，最后他说：

"我热爱咱们的国家，尽管她现在是这样的落后和贫困，但我相信一切都会慢慢好起来的，如果不是不得已，我绝不愿意出国！"

1946年的深秋，美国普林斯顿大学再次邀请华罗庚访美。

9月的一天早晨，华罗庚和李政道、唐敖庆、曾昭抡、朱光亚、吴大猷等几位西南联大的教授、同学，从黄浦江畔登上"美格将军号"轮船前往美国。

站在甲板上凭栏回首：黄浦江畔烟笼寒水，雾锁重楼；远眺江面，秋风萧瑟，令人顿生凉意，日影婆娑，平添愁肠百结；身背后，祖国的土地依然湮没在战火硝烟之中，洋面上，无忧的海鸥盘旋拍打着时时涌起的浪峰……

一时间，华罗庚的心中百感交集，茫无头绪。浩瀚的太平洋，水天相接，遥远的异国，不知将以怎样的姿态接待他们这些远方的来客。

船行不久，一位陌生的中年人突然出现在华罗庚所在的船舱里。他大踏步地走进来，急切地问：

"华罗庚先生住在这里么？"

华罗庚马上站了起来，来人紧走几步，抓住他的手使劲摇了两下，高兴地说：

"华先生，我是久闻您的大名了！"

旁边一位侍卫人员忙向华罗庚介绍：

"这位是冯玉祥将军，将军听说您在船上，特地从上面下来看望您。"

华罗庚请将军坐下，冯玉祥拉着他的手不停地发问：

"华先生，您的身体还好吧？船上的生活习惯吗……"

华罗庚感动得连连点头，冯玉祥又看了看其他人，大声地感叹：

"都是蒋介石那些人的罪过，把科学家折磨的这么清瘦。此次去美国讲学，华先生，您更要当心身体阿！"

会见以后，冯玉祥对自己身边的人说：

"像华罗庚这样年轻的学者能去美国讲学，这是我们祖国的光荣，中华民族如果多一些这样的有才有志之士，那么，我们就有希望了！"

轮船在太平洋上颠簸了好多天，终于到达北美大陆。纽约附近的普林斯顿高等研究所，被葱郁的森林掩映着。华罗庚在这里开始了他的研究和讲学工作。

他的兴趣逐渐扩大到包括多复变理论、白函数和矩阵几何。美国的数学家们，对他清晰而简捷的教学方法十分欣赏，华罗庚的天才创造和理论深度给他们留下了极其深刻的印象。

华罗庚广泛阅读并掌握了二十世纪数论的所有至高观点，他的兴趣在于改进整个领域，推广他所遇到的每一个结果。

普林斯顿高等研究所充满了严肃的学术气氛，华罗庚在这里如鱼得水，他再也不因为一日三餐辛苦地奔波、计算，再也不用为躲避空袭而东躲西藏，周围的一切是那么的安详、平静。可是，华罗庚心中却无时不在思恋战乱中的祖国。一年后，华罗庚住进医院，治疗他的左腿。

十几年来，华罗庚一直拖着他病残的左腿跋涉在苦难的人世间。每走一步路，全身都扭得不成样子。住了四个多月院，经过医生的精心治疗，他左大腿骨的弯曲部分终于得到纠正，两条腿总算可以靠拢了。

华罗庚的心情非常激动，他左脚穿了一只高一些的鞋子在医院里散步，又可以像正常人一样走路了，他兴致勃勃地请人拍了一张照片，寄给妻子吴筱元。筱元收到照片后，比华罗庚本人还兴奋，她深知，丈夫因为这条病腿，这些年不知吃了多少苦，现在一切都过去了，丈夫能在良好的环境中潜心钻研他喜爱的数学，而且完全像正常人一样地生活着，她高兴的逢人就谈：

"罗庚的腿在美国治好了，看这照片，多利索！"亲友们也都为华罗庚感到由衷的欣慰。

出院后，华罗庚被伊利诺大学聘为终身教授。一天，刚从延安来美国的司徒慧敏的夫人告诉他：

"共产党领导的解放战争在祖国大地上轰轰烈烈地进行着，国民党的政府处在风雨飘摇之中，全中国的解放已成定局。蒋介石惶惶不可终日，解放军过江后，他很可能把一些社会名流及家眷弄到台湾去。"

华罗庚听了这些情况，心里非常不安，他很担心蒋介石把自己的家人弄到台湾，想来想去，只有一个办法：那就是尽快给妻子和孩子办好护照，把全家人接到美国来。

华罗庚的大女儿华顺，在昆明西南联大附中读书时，经常和闻一多在一起，听他讲述很多爱国者为国捐躯的故事，这些故事在她幼小的心灵上打下了深刻的烙印。后来，她又亲眼目睹了闻伯伯惨遭杀害的经过，对国民党的暴行恨之入骨。她流着泪陪闻一多的孩子守灵，长长的黑夜，仇恨和悲痛使她无法入睡，她在心里默默地说：

"闻伯伯，您安息吧，总有一天，我要亲自为您报仇，我要亲手杀死那些卑鄙的特务，告慰您的在天之灵！"

一个阴沉沉的日子，华顺一个人跑到云南大学的操场上，静静地看着曾经和自己朝夕相处的闻伯伯的遗体被烈火焚化。闻一多刚直的个性、无私的品质像一盏永不熄灭的灯，牵引着倔强、勇敢的华顺一步步走上革命道路！

告别了闻一多的遗体，辞别家人，华顺只身北上，千里迢迢地到了北平，进入燕京大学物理系念书。在大学里，她积极参加进步的学生运动，多次到解放区参观，并且很快加入了中国共产党。

一天，她突然接到了一封母亲从上海寄来的信，信中简单地写了几句话：

"你父亲已经给我们办好了护照，要我们全家立刻动身去美国。你尽快来上海，我们一起走。"

华顺正沉浸在迎接解放的喜悦之中，她下定了为中国人民解放事业献身的决心，对去美国的事一点儿也不感兴趣。可是，禁不住母亲的一再催促，她还是请了假，赶回上海家中。

尽管母亲力劝她同去，她还是坚决地摇了摇头：

"妈妈，你到了美国跟爸爸说，我已经加入了共产党。我们的祖国就要解放了，希望爸爸能在战争结束后，早一点儿回国参加建设。"

吴筱元见女儿决心已定，也就不再勉强，她叮嘱女儿自己保重，然后把最小的孩子托付给母亲带回故乡金坛，自己领着华俊东、华陵、华光三个男孩离开了祖国。

几天后，一家人在美国团聚了。华罗庚把妻子和孩子安顿在伊利诺伊州阿尔巴勒城的一座舒适的洋房里，自己仍然早出晚归，忙于研究工作。

有时候，闲下来的片刻间，华罗庚就会一遍一遍地思考女儿的话，异国虽好，不是久居之地，美国的物质文明，无法填满游子内心的空隙。《华侨日报》、《大公报》不断地给他带来祖国的消息。大洋彼岸，迢遥万里，唯有这一份血脉相连的爱国深情，任凭千山万水也无法阻隔、割断。

1947年的圣诞节来临了，美国各地彻夜狂欢，热闹非凡。在美国各大学工作的中国籍教授们也欢聚在一起，庆祝新的一年即将到来，华罗庚、钱学森、林家翘等人都参加了聚会。

主持人简单地说了几句之后，请各位教授谈谈自己的希望。在一阵热烈的掌声中，华罗庚走上了讲台，他的神情看起来很激动，声音也比平日凝重了许多：

"各位同胞，每逢佳节倍思亲，新的一年正向我们悄悄走来，祖国就要解放了，国内民主和科学的呼声愈来愈高。当初，大家为了科学来到美国，现在，为了祖国，我们应该回去和人民站在一起，共渡难关，同创未来！"

纽约的高楼大厦，圣佛兰西斯湾的美丽风光，每天接送上下班的漂亮轿车，还有高达两万美元的年薪，都无法挽留华罗庚，他朝思暮想，盼着祖国和亲人的音信。

1949年的一天，华罗庚从外边一回到家中，就兴高采烈地大声喊自己的妻子：

"筱元，快！今天要多做几个好菜，对了，把酒也拿出来，我们要好好庆祝一下！"

"什么事呀？看把你高兴成这个样子！"

"祖国解放了！新中国成立了！华顺来信，催我们快回去呢！"华罗庚快步走到妻子面前，拿出了女儿的来信。

投入新中国的怀抱

华顺的来信在华罗庚的生活中，掀起了巨大的波澜。

妻子读了信，有些迟疑地问：

"罗庚，我们回不回去呢？"

"当然回去，而且越快越好！"

"要不，我先回去看看情形，然后你再做决定？"

"不用了。女儿不是在信上都写明白了吗，共产党廉洁奉公，解放军爱护人民、纪律严明，全国上下一片欢腾，她还说，新中国的建设正需要大批的科学家，我们还有什么可犹豫的呢？"

第二天起，华罗庚加入了中国留美学者和学生争取回国的活动，并且担任了一个学生团体的负责人，公开表明自己的爱国立场，以及归国愿望，极力动员留学生回到祖国的怀抱中去。

放寒假了，经过很多周折，华罗庚好不容易弄到了几张船票，以去英国讲学为名，带着全家人悄悄地登上一艘邮船，从旧金山出发，乘风破浪而去。喧嚣的北美大陆逐渐消逝在大西洋的另一端。华罗庚站在甲板上，回想起四年的美国生活，有很多收获，同时也有太多的失落。虽然有洋房、汽车，但是在美国人的眼里，他仍旧是一个来自贫弱国家的穷学者，在那个纯粹的金钱社会里，值得人眷恋的东西实在是太少了。

遥望东方，那片生己养己的热土，那片埋葬着双亲，埋葬着不堪回首的童年的黑土地，那片洒满了英雄的鲜血的高天厚土，在一千多个日子里，无时无刻不牵痛他的心！如今，终于要回到魂牵梦绕的祖国，华罗庚激动得彻夜难眠。

船绕过欧洲，穿越地中海，进入印度洋，日夜兼程，华罗庚仍然觉得速度太慢，此刻的他，真是归心似箭！

一天早晨，当他再次走上甲板时，蓦然发现，太阳升起的地平线上，隐隐约约地出现了中国内地的轮廓，虽然还看不真切，在华罗庚心中，却似乎已经听到了祖国热切的召唤，感受到了祖国滚烫的脉搏，泪水再次抑制不住地滚下了他的面庞。

船到香港靠岸了。人们忙着上街采购东西，探望亲友，热热闹闹地讨论着回内地的打算。唯独华罗庚把自己关在旅馆里，哪也不去，也不和众人闲聊。大家都很奇怪，他在干什么呢？问起吴筱元，她只是笑着说"在写信"，别的就说不清楚了。

1950年3月11日，新华社向全世界播发了华罗庚致中国全体留美学生的一封公开信。这封信早在离开旧金山以前，就在华罗庚心中酝酿好了，漫长的归国途中，他又进一步思考了更多实际问题，坚定了自己的信念，在香港停留的两天中，他把自己关在房里，一气呵成，写完了这封满怀深情和希望的公开信。

他在信中写道：

"朋友们！'梁园虽好，非久居之乡，'归去来兮！"

"但也许有朋友说：'我的年纪还轻，不妨在此稍待。'但我说：'这也不必'。朋友们，我们都在有为之年，如果我们迟早要回去，何不早回去，把我们的精力都用之于有用之所呢？"

"总之，为了抉择真理，我们应当回去；为了国家民族，我们应当回去；为了为人民服务，我们也应当回去；就是为了个人出路，也应当早日回去，建立我们工作的基础，为我们伟大的祖国的建设和发展而奋斗！"

华罗庚坦诚地表达了自己对新中国的热爱和期待。他的心曲随着电波迅速传遍了全世界，很多浪迹天涯的年轻学子听后，流下了泪，纷纷踏上归国之路。

为新中国的数学事业奔忙

"呜——"汽笛一声长鸣，列车缓缓驶进北京城。

"啊，到北京了！"车厢里的人纷纷站起来，向车窗外望去。早春三月的北京，沐浴在清凉的晨风中，仿佛刚刚醒来的少女，显露出清新自然的活力。人们有说有笑，大声地谈论首都的新气象，谈论各自的旅行、工作计划，车厢里一时间喧闹异常。

吴筱元笑呵呵地给孩子们穿衣服，收拾整理行李，三个孩子都兴奋地东张西望，仿佛有看不完的新鲜事。华罗庚一边帮妻子打点东西，一边感慨地说：

"筱元，真难为你这些年跟着我到处奔波，没过过几天安宁日子，这下可好了，我们全家人都在北京，环境也好了，你再也不用受苦了。"妻子笑了笑，眼里溢满了泪水。

火车到站了。华罗庚和家人随着人流一起出了站台，他刚停下脚步，思考着应该乘车还是步行时，迎面，忽然走过来两个人。

"华先生，欢迎，欢迎！你能回国，我们代表全国人民感谢您！"周培源和钱伟长紧紧地握住了华罗庚的双手。他们是周总理派来迎接华罗庚的。

"华先生，您写的公开信我们都读过了，很感人，写得太好了！你说出了我们大家的心里话。"

"一定会在海外产生重大影响，在您的呼吁下，相信会有更多的爱国青年愿意回来参加建设！"周培源和钱伟长陪着华罗庚并肩走着，一边兴奋地说起那封意义重大的公开信。

华罗庚真诚而谦逊地笑笑说：

"信里写的是我的肺腑之言，这些话放在我心里好久了，不吐不快。和那些为全国人民解放英勇牺牲的人们比起来，我所做的实在是太微薄了。"

1950年3月27日，中国各大城市的报纸都在头版显著位置刊登了这样一条消息：

"闻名全世界的我国数学家华罗庚教授，已于本月十六日自美国返抵首都北京，并已回清华大学任教。华氏系于一九四六年应美国伊利诺大学之聘，前往讲学。华氏回到清华大学以后，受到该校学生的热烈欢迎。华氏在回国途中曾发表一封给中国留美学生的公开信，号召留美学生回国为伟大的祖国建设和发展而努力。"

华罗庚回到北京的当天，就直奔阔别14年之久的清华园。他把家人安顿在清华园的教员宿舍后，独自一个人拿起拐杖到园中漫步。

凉爽的风拂过他的脸颊，仿佛有一双温暖的手轻轻地抚平他心中的波澜，二十年来，他一步一个脚印地在科学大道上前行，清华园是他人生的转折点。在这里，他付出了心血和汗水，在这里，留下了他青春的骄傲和成长的艰辛。他深深地热爱着这园中的一切，活泼的生命，流动的思想，以及无法穷尽的科学。如今，历尽沧桑的他又回到这个园中来了，并且坐在了当年苦心培植自己的熊庆来教授坐过的那把椅子上，成为清华大学数学系的又一任主任。他要开拓，要创业，要在前人创造的成就基础上，倾尽智慧和心血，浇灌幼苗，让更多的数学明星，从自己的双手中升起，踏着自己的肩头，升上高空，照亮全世界。

不久，中国科学院准备筹建数学研究所。这副重担也毫无疑义地落在了华罗庚的肩上，他的工作越来越繁忙了。教课，改作业，读书，写论文，开会，沟通情况，各种事情占据了他全部的时间，他的生命像一部开足了马力的机器，高速运转而且没有间休。

　　1952年盛夏的一天，经过长时间紧张而周密的准备工作，中国第一个数学研究机构——中国科学院数学研究所宣告成立了，华罗庚被任命为所长。这一天，是他一生中最大的心愿得以实现的日子，为了祖国科学，他甘愿鞠躬尽瘁。

　　第二年，中国科学院组织了一个二十六人的代表团，去苏联参观访问。代表团成员除华罗庚外，还有物理学家钱三强、天文学家张钰哲、大气物理学家赵九章、生物物理学家贝时璋、地质学家张文佑、建筑学家梁思成等。

　　火车日夜不停地飞驰，穿过广袤的松辽平原，驶入白雪皑皑的西伯利亚大荒原。车窗外寒风刺骨，车厢里笑语喧哗。这些对未来满怀憧憬的科学家聚在一起，谈古论今，各抒己见，畅谈人生理想，纵论当代科技风云，人群中不时响起爽朗的笑声。

　　列车继续在莽莽雪原上穿行，外面的景物极为单调，人们的心情也随之有些压抑，华罗庚为了调动大家的兴致，笑着说：

　　"诸位，我们来对诗怎样？"代表团成员中没有一位诗人，可人们对华罗庚的提议却异口同声地表示赞同，大概是想换换思维模式吧！

　　华罗庚"故作神秘"地沉吟了一小会儿。然后说：

"我先来个上句，请大家对下句，诸位听清，我的上句是：三强韩赵魏。"

周围的人你看看我，我看看你，都被华罗庚给难住了。大家七嘴八舌地议论着，还有的皱着眉头凝神思索，华罗庚在一旁看着大伙搜肠刮肚，苦思冥想，脸上露出了常见的微笑。

在"对诗"中，这是比较难对的一种，而且华罗庚还在诗中隐含了几位代表团中科学家的名字，这就要求在下句中至少要有一个与物理学家钱三强相对的、名字中也含数字的物理学家。这下，把车厢里的人都给难倒了。

过了一会儿，人们纷纷认输要求华罗庚亮出"谜底"，华罗庚不慌不忙地说出五个字：

"九章勾股弦。"

他的语音刚落，大气物理学家赵九章首先带头鼓起掌来，人们忍不住都拍案叫绝。

上句中的韩、魏、赵是战国时期的三个强国；下句中的勾、股、弦是中国古代数学名著《九章》中的有名定理。华罗庚这一精思妙对，一时间在中国科学界传为美谈。

长途旅行在谈笑风生中结束了。华罗庚等人参观访问了莫斯科、彼得格勒、基辅、塔什干和新西伯利亚的科研机构和教育机构。

回国后不久，中国科学院通知华罗庚：

"华罗庚教授，我们准备出版您的《堆垒素数论》一书，请问您还有什么地方需要修改及其他意见。"

华罗庚接到通知后，心情很不平静：新中国刚刚成立，百废待兴，各业待举，国家竟首先想到为自己出版专著，这正说明了祖国对科学事业的重视，对科学成果的保护啊！

从此后，他更加刻苦钻研，希望能为共和国的科学大厦不断地添砖加瓦。

在沉浸于科学探索中的同时，华罗庚还担负着另一个重任，那就是为祖国发现人才，培养人才，在华罗庚的记忆长河里，有一页是他终生不能忘怀的，每次想起来，他的眼里就会盈满激动的热泪……

那是在1952年的一天，全国政治协商会议在北京召开了。当晚，大会在中南海怀仁堂为代表们举办文艺晚会。华罗庚应邀前来观看演出，可是因为赶写一篇文章，他迟到了。

苍茫的夜色中，华罗庚穿过中南海绿柳鲜花掩映的小路，匆匆地走进晚会大厅。大厅里，鸦雀无声，光线朦胧。舞台上，大幕已经徐徐拉开了，华罗庚急切地寻找着自己的座位。灯光昏暗，再加上他的深度近视，给他造成了极大困难，他在黑暗中走来走去，就是找不到空座，脸上的歉意愈来愈浓，尽管别人看不见，可是因为自己打扰别人观看演出，他心里还是很不好受。就在他进退维谷，茫然无措时，前排忽然有个人站起来，向他招了招手，他赶忙欣喜地走了过去。

坐下来，喘口气，他拿出手帕擦了擦一头大汗，这才想起看看是谁叫他过来的，他扭头一看，不禁大吃一惊，好半天没说出一句话，眼泪却涌了出来。

自己身边坐着的竟然是毛主席！

毛主席看他擦完了汗，就亲切地和他打招呼，用浓重的湖南口音向他问好，华罗庚结结巴巴地说：

"主席，您好，我没想到是，是您，真是太，太感谢您了。"

毛主席微笑着冲他点了点头。

过了一会儿，主席一边看戏，一边和华罗庚小声地交谈起来，说到祖国建设需要大批科学人才时，毛主席用自己温暖的双手握住了华罗庚的手，笑着说：

"华罗庚同志，我很熟悉你的经历，知道你也是苦出身，所以你才这样热爱我们的新中国，我希望你能为国家培养出像你一样优秀的人才来！"

"主席，我一定记住您的话，我会尽最大努力，一定不辜负您的嘱托。"

华罗庚真的没有辜负毛主席的信任。从这以后，他在自己从事研究工作的同时，抽出了大量时间，精心地培养、扶植有才华的年轻人。他在清华园里办了一个数学讨论班。数学研究所是一座二层小楼，楼上是研究人员和学生的宿舍，楼下是教室。他和自己的家人住在距小楼不远的几间小平房里。

一天，从浙江大学来了一个身材瘦小，目光机敏的年轻人，要求见华罗庚。华罗庚把他带到自己的办公室，年轻人拿出来一封信，然后带着非常惊讶的表情，上上下下打量起华罗庚来。

华罗庚很快读完了信，信是苏步青教授和陈建功教授写的，向华罗庚推荐大学毕业考试中全班成绩最优秀的王元跟他读研究生。他抬头看了看面前这个年轻人，发现对方也在注视自己，就说：

"你就是王元同学吧？你为什么这样看着我？"

王元听见老师发问，脸"腾"地一下红了，他局促不安地答道：

"是的，华老师，我就是王元，我很早以前就知道您的成就，可是，我怎么也想不到您这么年轻，跟我想象中不一样。"说完，又不好意思地笑了。

"王元，我们到教室去吧，我要亲自考考你。"

王元站在黑板前，心里忐忑不安，不知道老师会出什么难题来考自己。可是，让他感到意外的是，华罗庚问了他一个他怎么也想不到的、极其简单的问题，关于平面二次曲线的分类，也就是解析几何中将二次曲线变成标准型，如何用二行二列的矩阵写出来？

王元一点儿心理准备也没有，当时就蒙了。

他苦苦地思索了半天，脑子里很乱，手心里也渗出了汗水。

"做不出来吗？你难道连中学学的东西都忘掉了么？"

"老师，对不起，请让我再想想。"王元的头上也冒出了汗珠，他的声音可怜巴巴的。

又过了一会儿，华罗庚脸上的表情愈来愈严肃，王元偷着看了一眼，心里更是七上八下，精神怎么也集中不起来了。

"你怎么这么笨，连这么简单的题目也做不出来，我自学的时候，没人教都学会了。你是个大学生，要会独立思考，学会联想数学这门科学中的内在关联，你在大学里学过矩阵，就应该懂得运用大学数学的观点来看待中学学过的东西呀！"华罗庚的声音很严厉。王元窘得无地自容，他觉得自己就快要哭出来了，屋子里很静，其他的学生同情地望着王元，可是没有人敢说话。

两个小时过去了，王元觉得这两个小时简直是他一生中最漫长、最难堪的经历，他一肚子苦笑，不停地责备自己。

华罗庚终于心软了，他的表情也柔和了一些：

"王元，你先回去吧，好好想想，做出来再找我。"

王元走出了教室，想起十年前自己曾对父亲说过：将来一定要拜华罗庚为师学习数学。他不由得坚定了信心，老师并不是有意为难自己，是自己学习知识不够灵活。他狠狠地检讨了一番后，当晚，一夜没睡。第二天一早，他把求出的结果工工整整地写在纸上，交给了华罗庚。

华罗庚看后，高兴地说：

"小伙子，干得不错。我再出两道题你做做。"

王元顺利地答了出来，华罗庚满意地点了点头。

"老师，我想跟着您学习数论！"王元趁热打铁，说出了自己十几年来的心愿。

"好啊！不过，你要比从前更刻苦，更用心！"华罗庚爽快地答应了。后来，王元在老师的教导下，成为一位优秀的数学家。

华罗庚就是这样严厉而忘我地做着发现人才、培养人才的工作，常常是天还没有完全亮，他就起来，去敲学生的宿舍门，把学生一一叫醒后，就开始讲学或讨论问题。也有的时候，学生们苦学了一整天，刚刚睡下，宿舍门又被"咚咚"地敲响了，打开门，华罗庚披着衣服拄着拐杖喊：

"别睡了，别睡了！白天的题目还得再讲讲……"这一讲就是东方泛白，黎明将至。即使星期六、礼拜天，华罗庚也从未停止工作。俗话说，有其师必有其徒，老师要求的严，学生也个个勤奋，不甘落后。他们虽然大多是二十几岁的单身汉，可是周末从不离开宿舍，一方面是因为老师会随时来找，找不到要挨训；另一方面是为了事业，为了数学，他们甘愿如此。

师母吴筱元看着这些年轻人没有休息，没有娱乐，很心疼他们，就在学生们到家里来时对华罗庚说：

"他们这么年轻，你不让他们休息，礼拜天也不让人家出去，要是都找不着对象可怎么办？"屋子里人忍不住哄堂大笑，华罗庚也不好意思地笑了。

过后，师生们仍然朝夕必争，谁也没有怨言。华罗庚要求并期待自己的学生青出于蓝胜于蓝。不久，他的愿望实现了。

1956年的一天，他收到了一封来自厦门大学署名陈景润的信。信里附了一篇论文：《塔内问题》，对华罗庚的《堆垒素数论》作了进一步改进。读后，他连连赞叹，忙问身边的人：

"你们知道陈景润这个人吗？他的想法很有见地，我看很有培养价值。"

"他呀，在厦门大学图书馆工作。大学毕业后曾分配到北京四中教书，可是因为性格内向，孤僻，不习惯和孩子们相处，后来求厦大校长王亚南帮他说情，才又调回厦大工作。"厦门大学一位来数学研究所进修的教师，三言两语介绍了陈景润的情况。

"你如果回厦门一定要去拜访一下陈景润，问问他要是愿意的话，我想请他作为特邀代表，到北京来参加数学讨论会；再去拜访一下厦大的负责人，如果他们肯放的话，我愿意把陈景润调到北京来工作。"

几天后，陈景润收到了华罗庚的亲笔信，还有一张事先定好了的从厦门到北京的卧铺车票。他把信反复读了好几遍，心里非常激动。向学校请了假，简单地收拾一下，陈景润就匆匆上路了。火车飞驰，陈景润心潮起伏：

"像华罗庚这样一位赫赫有名的数学大师，竟如此谦逊，不但不介意自己给他指出存在的问题，而且还极力提携自己这样一个无名青年，这种磊落、博大的胸怀是多么值得人敬佩啊！"

陈景润就是带着这种仰慕的心情来到了北京。华罗庚立刻请他到会客室相见。

"你写的《塔内问题》我看完了，写得很好，我很欣赏你的才华。"华罗庚一边说，一边笑盈盈地打量着面前这位陌生、腼腆的青年，心里暗想：他跟当年18岁的自己是多么相像啊！

"谢谢，谢谢老师的夸奖。"

第二天，华罗庚推荐陈景润在数学讨论会上作报告，陈景润紧张地走上讲台，在来自全国各地二百多位数学家面前报告自己的研究成果。

这一年的秋天，陈景润背着简单的行李，再次走进了数学研究所的大门。经过努力，华罗庚真的把他调到数学研究所工作了。

陈景润眼界大开，从此埋头苦干，向哥德巴赫猜想发起了一次又一次的冲击。从1960年到1972年，陈景润取得了超越前人的独创性成果，既超过了国内现有水平，也超过了国际上的先进水平，"陈氏定理"诞生了！

华罗庚就这样像老黄牛一样耕耘在数学科学这块肥沃的土地上；同时像春蚕吐丝一样培育着一颗又一颗的数学明星。

让数学为祖国的富强服务

　　1956年6月14日，在很多科学家的记忆中，是一个难以忘怀的日子。初夏的早晨，北京城清新宜人，街上车水马龙，生机盎然。参加制定全国科学发展规划的科学家们，乘车来到中南海。华罗庚和众人一起穿过繁花似锦的湖畔小路，走进一座会议大厅。

　　众人刚刚坐下，毛泽东、周恩来、朱德、陈元、邓小平、聂荣臻等中央领导同志，陆续走了进来。大厅里响起一阵热烈的掌声。毛主席满面春风地走上讲台，做了简短而精彩的发言，然后，和到会的科学家们合影留念。

　　从此，新生的共和国有了发展科技事业的宏伟蓝图。经周总理批准，将计算技术、半导体、电子学、自动化、喷气技术等列为国家急需的发展项目，立即筹建专门的研究机构，集中人力物力优先启动，争取在最短时间里，达到一个较高水平。我国的计算科学走上了正轨、蓬勃的发展道路。

1958年，华罗庚被任命为中国科技大学副校长，兼应用数学系主任。中国科技大学坐落在北京西郊绵延起伏的燕山脚下，校园环境优美，很适合安安静静地搞学问。可是，这时候的华罗庚，已经不能满足于有一方"净土"供他读书，看到很多科学家纷纷走出封闭的研究所，到实际生产中找课题，不断解决新问题时，他再也坐不住了。

一天，在给学生上课时，他说：

"在应用科学方面，基础理论的研究是很重要的，他可以用来指导实践。但是，如果有了理论，把它束之高阁不去实行，或者认为推广和应用只是旁人的事情，甚至认为那是低级的工作，那是很错误的，那样将发挥不了应用数学的作用。"

"同学们，现在我们的国家还很穷，管理工作和工艺流程都有待改进，因此，我想亲自到工厂里，试试能不能用优选法和统筹法促进生产的发展，提高工作效率。具体说，就是以毛主席统筹兼顾的思想为指导，把统计和运算、计算机手段结合起来，从我国的实际情况出发，摸索出一套适合我国情况的、行之有效的管理科学！"说到这儿，华罗庚停顿了一下，注视着讲台下一张张年轻、充满朝气的脸庞，他的心被希望鼓舞着：

"你们当中，有愿意和我一起去开辟这条困难重重的道路的吗？"

"愿意，我愿意！"

"我也愿意！"

华罗庚的号召一发出，就得到了学生们的热烈响应。当天就有二十多份申请报告交到了系里。

华罗庚回到自己的办公室，很快在灯下拟出了实践活动的初步计划，正当他沉浸在美好的遐想中时，忽然，响起了轻轻的敲门声。

走进来两位男同学，华罗庚站起来询问：

"陈德泉、计雷，你们两个找我有事吗？"

"老师，今天在课堂上，听了您讲的那番话，我们很受启发，也很受鼓舞，以前，我们两个曾相约将来一定真正为人民做点儿事，现在，您打算走出校园，到工厂和农村去参与实践，指导实践，这正是我们两个在心底埋藏了多年的愿望，您以后就带着我们一起工作吧！"计雷一口气说明了两个人的来意。

华罗庚看了看两个心爱的弟子，被他们的热情和决心深深地打动了。此后，这师生三人就形影不离地开始了他们艰苦的实践历程。

初次试验，成绩并不理想，有人幸灾乐祸地泼冷水：

"华罗庚是资产阶级知识分子，他这么做，纯粹是沽名钓誉，给自己脸上贴金，大家不要跟他学！"

华罗庚心情很沉重，他一个人默默地坐在灯下反复思考：

继续干下去吧，可能还会遇到更多更大的挫折，不继续干吧，又觉得学之无用，对祖国和人民愧疚，怎么办呢？

良久，他拿过纸笔，鼓起勇气给毛主席写了一封信。表达了自己为工农服务的决心，同时说明自己的观点：利用统筹法和优选法可以提高工作效率，有助于管理。

几天后，他收到了毛主席的亲笔复信。毛主席在信中称赞他"壮志凌云"，表明了党对走理论联系实际道路的支持态度。

华罗庚的心情为之一振，他反复地看了又看，直到激动的泪水模糊了他的视线。

1964年夏天，华罗庚突然收到西南铁路建设指挥部总指挥韩光的一封邀请信。信中热情洋溢地邀请他到大西南去，参加成昆铁路的建设。虽然李白的"蜀道难，难于上青天"清晰地浮现在他眼前，他还是毫不犹豫地答应了。

在川滇两省的崇山峻岭、江河沟壑之间，一支筑路大军正在日夜奋战，他们立志打碎"蜀道难，难于上青天"

的神话，要在祖国大西南修出一条跨越万水千山的"阳关大道"。这条路经川西平原，直达春城昆明。沿途山高谷深，坡陡流急，地势险要，荒无人烟。

1964年秋季的一天，华罗庚风尘仆仆地出现在安顺的西南铁路建设指挥部里。激荡在山谷间的爆破声，施工的号子声不时传入指挥部里来。华罗庚顾不上休息，坚持要工作人员带他到施工现场。

"数学家华罗庚从北京来了，他要和我们一起修路呢！"

"听说用他的统筹法，可以节省不少劳动呢，还能提高干活速度，要真是这样，那该有多好啊！"

"听说他还要给咱们做报告呢！"

……

一传十，十传百，工地上很快就传遍了华罗庚到来的消息，工人们一边热火朝天地干活，一边热热闹闹地议论着，满怀喜悦地期待着华罗庚和他的"统筹法"。

华罗庚感到自己肩上的担子很沉重。在出发前，他把花费了无数心血写成的《统筹法平话》拿给大家看，学生普遍反应很好：既通俗易懂，又注重实效。可是，真正在生产实践中应用，效果如何，他心里并没有百分之百的把握。

所以，在给工人和技术人员作报告之前，他诚恳地说：

"同志们，坦白地说，用统筹法能不能提高效率，现在我还没有把握。在北京电子管厂，我们初次搞试点时，用了八个月的时间，最后还是失败了。这次，我是抱着和大家共同学习的想法来的。搞应用数学，我还是刚开始学走路，不能长篇大论地给大家讲。"

"那更好，施工任务这么紧，您讲得越简明扼要越好！"工人们被华罗庚推心置腹的开场白感动了，他们觉得这位大数学家不仅可亲而且可以信赖。

华罗庚挂起图表，细心地为工人们讲解起来。

第二天，华罗庚拖着病腿沿着崎岖不平的山路爬上山顶，把自己的学生和助手组织起来，分成运输统筹战斗组和施工统筹战斗组，辗转在各个施工地点，和大家一起苦干。

白天，他们奔波在人迹罕至的深山老林，渴了，喝一口山泉；饿了，吃一个凉馒头。夜晚，拖着疲惫不堪的身子回到临时搭起的帐篷里。荒山野林中，不时传出恶狼的哀嚎，不知名的野鸟"嘎嘎"地怪叫，把人们从睡梦中惊醒。听着山风从丛林里千军万马般呼啸而过，华罗庚常常睡意全消，又坐起来继续思考白天没有解决的问题。

"华罗庚这么有名的大科学家，不在北京城里享福，50多岁的人了，跑到这荒山里来吃苦、受罪，他图的是什么呢？"

"听说他小时候很苦，上不了学，有时候甚至连饭也吃不上，所以他想给国家多出点力，让咱们的祖国早点儿摆脱贫穷，富强起来。"

"这才是人民的数学家啊！"

工人们看着华罗庚辛苦地翻山过河，和大家一块劳动，同吃同住，都忍不住感慨地赞叹。

在山上风餐露宿，不仅身心疲惫，有时甚至还有生命危险。

一天，华罗庚和统筹战斗组的同志们，还有几位当地的工程技术人员，一起乘坐吉普车从成都出发，经过凉山彝族自治州的险崖陡峰，到甘洛去。车在峭壁陡直的山腰里盘旋行驶。两车相遇时，因为山道奇窄，年轻的汽车司机吓得脸色惨白。

中途，车常常要停下来，等华罗庚给正在施工的人们讲解统筹法。在一个急转弯的地方，吉普车突然"嘎"的一声停住了，司机伏在方向盘上，半天没说话。大家探头朝下一看，再前行一两步就会连人带车坠入万丈深渊，人们你看看我，我看看你，全都惊出了一身冷汗。

后来，有人问起华罗庚：

"华教授，当时你也看到了车差一点儿翻进山谷里去，你不害怕吗？"

"如果是在北京，我一定很害怕，可是在这里，工人们不怕流血，不怕牺牲，争分夺秒地铺设铁路，和他们在一起，我觉得自己做得太少，也就忘了个人的安危了。"

华罗庚说的完全是心里话。在西南大地上工作的日日夜夜，他完全忘掉了个人的得失。

天刚放亮，吉普车又出发了。

山路越来越难以行驶，人们心里都捏了一把汗。小司机紧咬双唇，眼睛死死地盯着前方，一眨也不敢眨。猛然间，一个大的颠簸，人们被弹起来了老高，脑袋"咚咚"地撞到了车顶棚上。司机发出了一声惊恐的叫喊，

"啊！不好了，车轱辘掉下去了！"这一声可真是撕肝裂肺，就在这千钧一发之际，有人喊了一句：

"谁也不要乱动！"

然后，这个人轻轻打开里侧的车门，爬出车外，又把车里的人一个个拉出来。脱险之后，人们往下一看，几乎又一次惊得魂飞魄散：山下，汹涌的大渡河正一路怒吼着奔腾飞泻！

吉普车抛锚了，华罗庚步行到附近的施工地点去讲授统筹法，几次遇险，让他觉得时间尤为宝贵。

吉普车修好后，又继续赶路了。真是祸不单行，天快黑时，车在一处弯道上突然翻了，车里的人全都摔得晕了过去。附近的农民上山采药，发现后，赶紧跑了过去，车

里一点儿动静也没有，他们以为人都摔死了，非常难过。后来，好不容易用镰刀割开了车上的篷布，发现里面的人还活着，急忙把人背下山，送进医院抢救。因为这些善良村民救助的及时，华罗庚他们才逃过了这一劫难。

隆隆的炮声依然在群山中回响、震荡。华罗庚和助手们设计的施工、运输方案，大大加快了施工进度，受到铁路建设指挥部的嘉奖。

华罗庚回到北京后，给全体科技大学的师生们作了一次报告，他激动地讲述了那些日夜奋战在祖国西南边疆的筑路英雄们的感人事迹，师生们深受教育，立志为祖国的建设事业奉献自己的一生。

1965年，华罗庚率领推广统筹法的小分队来到河北省的石家庄市。他们在十五化学工业公司办完训练班，又和工人们一起贪黑起早地做试验。

一天，在工作现场，一位工人找到华罗庚，从怀里掏出一卷自己画的统筹图，华罗庚一边看，一边微笑着问：

"你什么时候画的？画这么多需要不少时间吧？"

"我都是晚上画的，晚上比较静，思考起来更清晰，有时候，一晚上可以画好几张呢！"

华罗庚转过身，对站在自己旁边的计雷、陈德泉说：

"工人同志在加班加点地干，这种精神很值得我们学习啊！"

第二天凌晨，天还没亮，华罗庚就精神抖擞地站在弟子的宿舍门外，边"笃、笃"地敲门，边喊：

"起床，起床！别睡懒觉了！"

陈德泉和计雷两个人从睡梦中惊醒，揉着发涩的双眼，从床上爬起来，给老师开门。

"昨天跟你们说的那些问题，你们思考出结果了吗？"

两个人睡意蒙眬，手忙脚乱地往身上套衣服，听老师发问，立刻彻底清醒过来，对视一眼后，陈德泉小声地说：

"昨天和您谈完了，我们两个有点儿累，回来就睡觉了，还没有来得及细想。"

"才10点钟就喊累，那位工人画图经常画到深夜两三点钟，人家哪天不是早早地到厂里上班，你们两个的精神比工人同志可差得太远了！"

两个学生吓得一声不吭。从这以后，他们再也没有让一个问题过夜，当天的事一定当天做好，否则，决不休息。

1966年，十年"文化大革命"开始了。这场大动乱极大地破坏了各项事业的建设。华罗庚被禁止外出推广统筹法和优选法。他被当做"资产阶级学术权威"受到了批判。红卫兵几次抄家，他花费了大量心血写成的数学手稿也全部遗失了。

1970年3月4日，周总理看到了华罗庚要求追查被盗手稿的来信，当即给有关部门负责人及自己派到科学院的联络员刘西尧批示：

"首先，应给华罗庚以保护，防止坏人害他。

次之，应追查他的手稿被盗线索，力求破案。

再次，科学院数学所封存他的文物，请西尧查清，有无被盗痕迹，并考虑在有保证的情况下，发还他。

第四，华罗庚的身体已不适合再随科大去'五七'干校或迁外地，最好以人大常委身份留他住京，试验他所主张的数学统筹方法。

此事请你们三位办好后告诉我。"

有了周总理的保护，华罗庚又可以进行他的试验了，他激动得连夜找到计雷和陈德泉。

1970年6月9日，华罗庚和陈德泉、计雷乘飞机到达上海。他们是应复旦大学之邀到上海搞试点的。

此时的上海一片混乱，他们刚下飞机，就有人传达了"有关方面"的意见：

"现在上海正在突出政治，搞技术的事情不太好办。你们不必下工厂了，也不要到各处乱跑，免得发生什么意外……"

三人被安排在和平宾馆附近住下了。盛夏的上海骄阳似火，热浪一阵一阵涌进屋子里来，华罗庚心烦意乱地擦着汗，工人们急切地盼望他的"双法"，加快工作进度，而他却无所事事地闷在屋子里，怎么办呢？一次次的请求都遭到了有关方面的拒绝，华罗庚待不住了。

第二天一早，他叫起陈德泉和计雷收拾起简单的生活用品，直奔工厂而来。任凭出来应付他的人怎样劝说和制止，三个人还是走进了工厂大门。

工厂临时腾出一间仓库，改作办公室，师生三人披星来，戴月去，不辞劳苦地给工人传授统筹法。

一个星期六的晚上，按计划又是华罗庚给工人们上课的时间了，可是天公不作美，外面忽然下起了瓢泼大雨。负责组织工人的小王抱歉地向华罗庚解释说：

"雨下得这么大，又是晚上，有的工人住得较远，大概不会来太多人，请您谅解。"

"没关系，只要有人来，我就照常讲。其他的同志我会抽时间另讲"华罗庚温和地答道，小王感激地点了点头。

半空中的一个霹雳，雨越下越大了，华罗庚冒着大雨走进会场，他一下子愣住了。

一间只能容纳几十人的屋子里，足足挤了有二百多人，而窗台上也坐满了人，还有的人撑着伞，穿着雨衣站在门口和窗外！

华罗庚含着眼泪，一步一颤地走上讲台。当他开始讲话时，原本喧嚣的会场顿时肃静下来。只有暴雨击打着窗棂的"噼啪"声，应和着他浑厚清晰的话语，仿佛是一首优美的夏夜交响曲。

报告会结束了，会场上响起了经久不息的掌声。前排几个年轻的工人，看了看窗外沉沉的雨夜，又看了看华罗庚有些发抖的病腿，不约而同地走上讲台，把鬓发苍苍的华罗庚抬了起来，蹚着没膝的雨水，一直送进车里。

汽车缓缓地开动了。透过如织的雨雾，看见那些工人仍旧站在风雨之中，目送着自己，华罗庚只觉得心里一热，泪水无声地流过了他布满沧桑的脸颊。

最后，在短短的六天时间里，运用统筹法，工人们硬是完成了原本需要二十天的工作量，平均每天为国家创造了二十多万元的产值。

华罗庚和他的助手们欣慰地笑了。

1972年春末，华罗庚又率领几十位科技人员，来到了武汉东湖的翠柳村。他把科技人员分成各个小分队，派到全省各地开展工作。出发前，湖北省委负责人接见了大家。

"谁负责荆门地区的小分队？"负责人亲切地问。

"是我。"计雷马上站起来答道。

"荆门地区有两大难题，这次你带人下去，别的我不管，这两个问题你一定要解决：一个是白纱咔的质量问题；一个是沙市电厂的煤耗要降下来，不解决好，你们就留在那干，别回来！"

散会后，计雷找华罗庚诉苦：

"老师，这不是难为我吗？这两个问题多少年了，都解决不了，我领了任务，心里一点底也没有，真的干不好，我个人倒没什么，就怕给您老丢脸，我还是别去了！"

"不行！非去不可，而且一定要干好！"

"我对那里的情况一点儿也不熟悉，怎么开始搞呢？"

"到了那儿，用心去学，不就了解了吗？遇到难题就后退是没出息的！"

计雷没办法，恳请老师和自己同去，华罗庚答应了。师生二人日夜苦干，在十九道工序上搞优选，注重方法，培养人才，反复试验，很快，就把白纱咔的一等品率从百分之十六提高到百分之四十三。人们有了信心，进一步努力，又提高到百分之八十三，最后，使一等品率直线上升到百分之九十。省委书记亲自对华罗庚表示谢意。

又经过一段时间的埋头奋战，另一个难题也解决了。这件事使小分队成员深受教育，他们都认识到：只有知难而进，事业才能成功。

华罗庚结束了在湖北工作的当天，又带着科技人员日夜兼程，赶奔中国东北石油宝库——大庆。

大庆油田的职工以东北人特有的豪爽迎接华罗庚的到来，他们敲锣打鼓，挥舞彩旗，甚至鞭炮齐鸣，热闹的场面好像过年一样。

华罗庚由衷地笑了，他从心里往外地爱上了这些直爽、豪迈的东北汉子。

在高远的蓝天下，在广阔的草地上，大庆人召开了万人大会，听华罗庚宣讲统筹法和优选法。他们要让所有的工人都了解优选法，都学会运用优选法，就像人人都应该会使用算盘一样。

华罗庚刚刚宣讲完，就把自己整个融入到年轻的工人中去了。感受着油田工地上的火热气氛，倾听着油田工人的豪言壮语，60多岁的华罗庚觉得全身充满了力量，他奔走在油田各处，讲解，答疑，指导，一天忙到黑，竟然不觉得累。短短的几个月，大庆工人共搞了两千多个优选法的试验，其中一千多项取得了理想的效果。大庆聘请华罗庚担任长期的科学技术顾问，华罗庚欣然接受了，他捧着红绸子包着的聘书，就像捧着大庆人一颗颗火热的心。他知道，这份信任对他的一生来说，是一件多么珍贵、多么难得的礼物。

1975年7月的一天，华罗庚又和自己的助手乘上火车，越过松辽平原，进入美丽的大兴安岭。

兴安岭上，青翠欲滴的松树，洁白如雪的桦林，如火如荼的红枫林，五彩缤纷，一片连着一片，看的人眼花缭乱。山上，空气清幽，百鸟齐鸣，登山的人顿觉心旷神怡。

华罗庚拄着拐杖穿行在遮天蔽日的大森林里，渐渐地忘掉了城市的嘈杂和北京发生的所有不快。每天，他乘坐森林小火车，奔忙在各个采伐场，用优选法和统筹法研究"采"、"运"、"用"、"育"等问题，大大提高了工效，缩短了工期，最终提前一个月完成了冬运任务。造反派们仍然在监视、干扰着他的工作。回到哈尔滨后，劳累、忧闷使他感到身心憔悴。

一天深夜，人们早已进入了梦乡。华罗庚的屋子里，突然传出了断断续续的敲击声。一位服务员刚好经过门外，他迟疑了一下，敲了敲门，里面没有回答，他忙打开门走进去，屋子里很暗，一阵沉重的喘息声从沙发上传过来，打开灯，他吓坏了：华罗庚脸色惨白，嘴唇发紫，全身蜷缩着倒在沙发上，那根拐杖也丢在地上。他赶紧跑出去喊医生和领导。

一会儿的工夫，医生跑来了，其他人也都从床上爬起来，聚到华罗庚的身边。

医生检查的结果很快出来了：突发性心肌梗死！随时

都有生命危险！

众人惊呆了，纷纷围上前去，医生站起来，劝阻满脸焦急的人们：

"请大家不要动病人，他的心跳很微弱，不要围着他，让他安静地躺一会……"

很快，华罗庚被送进了医院。科学院派一位副秘书长赶来探望，华罗庚躺在病床上，紧紧地拉住来人的手，断断续续地说："请转告党中央，我，我没有做好主席交给我的工作，就病倒了，我对不起祖国和人民，我对不起毛主席的嘱托！"说完，泪如雨下。

周围的人听了，都忍不住转过身去，掩面而泣。

华罗庚的长子华俊东、儿媳柯小英、长孙华云，接到病危通知后，星夜赶奔冰城哈尔滨。大家日夜守候在病床旁，忧心如焚。华罗庚自幼艰难，一生坎坷，几次死里逃生，早已将生死置之度外。

他轻松地安慰家人和弟子：

"如果我不行了，希望你们能坚定地走下去，真正为国家做点贡献，如果我能挺过来，我一定更加努力地工作……"

大庆油田的工人，大连机车车辆厂的工人听说华罗庚病重，纷纷赶到医院，日夜守候在院子和走廊里，流着泪期待华罗庚早点儿好起来……医生和护士们看了，都感动的不知该如何劝慰这些人，他们全心全意地挽救着这位为祖国作出了卓越贡献的人民数学家。

华罗庚渐渐地转危为安了。

1976年，为新中国南征北战、操劳一生的周总理、朱总司令和毛主席相继逝世了。山河悲哭，举国哀悼。

华罗庚每想起主席的重托，总理的关怀，就忍不住热泪盈怀，在那些逝去的日子里，发生了多少令人终生难忘的事啊！

灯下，华罗庚再次含泪写下了自己的入党申请书，他要在有生之年，拼尽余力为党、为国分忧。

不久，"四人帮"粉碎了。成千上万的人涌上街头，庆祝我们的党终于拨开云雾，重见光明。

还是在这一年的盛夏，刚刚永别了周总理、朱总司令的人们又经历一件不幸的事。唐山发生了强烈地震，几十万人一夜间从地球上消失，无数孤儿无家可归。党中央马上派人赶赴灾区，处理灾后的各项事宜。

由于开滦煤矿停止外运，各种新情况随之出现：

"北京缺煤！"

"华北缺煤！"

"工厂无法开工！"

"居民生活出现困难！"

华罗庚不顾心脏病随时可能发作的危险，于1977年2

月，迎着漫天飞舞的鹅毛大雪，越过雁门关，亲自到山西大同煤矿，用统筹法组织百万吨存煤外运。

原来一天只能装702车，华罗庚来到以后，日装车提高到一千辆以上，只用了五个月，就突击完成了外运任务。

在全国工业展览会上，华罗庚主持的这项"铁路统筹和汽车节油"试验，获得了中国科学院颁发的一等奖。

将近二十年的时间过去了，华罗庚为了推广优选法和统筹法，足迹踏遍了大江南北27个省、市、自治区的上百个县；他的音容笑貌永远地留在了成千上万个工厂、矿山和村庄；七千多个日日夜夜，他用双脚在祖国大地上丈量了一百万千米的漫长行程；雄关漫道真如铁，华罗庚用生命和智慧谱写了一曲伟大的奉献之歌！

赴欧洲、美国和香港讲学

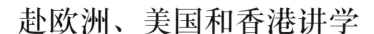

　　1979年9月的一天，碧空如洗，坐落在伯明翰街头的一家中国餐馆，忽然走进来几位西装革履的中国人，随行人员指着刚刚坐下的华发老者对餐馆的老板——一位姓冯的华侨说：

　　"这位就是来英国讲学的华罗庚教授。"

　　"哎呀！这可是请都请不到的贵客呀！"冯老板紧走几步，上前拉住华罗庚的手，激动地说：

　　"华先生，您可真是为咱们中国人争了光啊！现在大街小巷都在谈论您，听说星期五您要演讲，我们大家都商量好了，要去听一听呢！"

　　"是有一次演讲，谢谢各位同胞的支持，可是，你们是怎么知道的呢？"

"街上都贴出海报啦！您先在这坐一坐，喝杯茶，我到后面告诉伙计做几个拿手的家乡菜，请您好好吃一顿。"

吃过饭，华罗庚一行人来到街上，果然看到了大幅海报，上面写着：

"享誉世界的中国数学家华罗庚，将于星期五在伯明翰大学作题为《为百万人的数学》的演讲。"

演讲获得了巨大成功。接着，伦敦数学会、剑桥大学、牛津大学、曼彻斯特大学也都纷纷邀请他去介绍在国内从事应用数学研究的经验和体会以及取得的成果。

报告获得了一次又一次的成功。许多英国数学家和华侨学者纷纷赶来看望华罗庚。

一天，报告刚刚结束，华罗庚随着人流走出大厅。一位在门外等候了几个小时的台湾学者，分开众人，挤了过来。他握住华罗庚的手，神情激动地说：

"我一直站在门外听完了您的演讲，您讲得真是太精彩了。华教授，我来到英国已经15年了，还从来没有听过这样振奋人心的报告，也从来没有见过中国人做报告的时候，有这样热烈而隆重的场面！"

"我是个医生，从台湾来，听说您的身体不太好，我希望您能抽时间到我家里去，吃顿便饭，我为您全面地检查一下身体。"

华罗庚听了，感动得好半天没说出话来。

结束了在英国历时八个多月的讲学活动，应法国科学院的邀请，华罗庚踏上了巴黎这座世界名城。

他无暇去欣赏迷人的巴黎风光，在法兰西这块孕育了巴尔扎克、雨果、罗曼·罗兰、司汤达、大仲马等伟大的文学家，居里夫妇等杰出的物理学家的美丽土地上，华罗庚，这位只有初中毕业文凭的中国数学家接受了属于他的第一个博士桂冠。

1979年11月9日，华罗庚身穿灰色的中山装出现在法国南锡市南锡大学的大礼堂，会场上，气氛热烈，一百多位博士，身穿博士大袍，戴着博士帽整齐地站在大厅里，等候着博士学位授予仪式的开始。

大会主席用法语向人们介绍华罗庚和比利时、澳大利亚、英国等五位科学家的学术成就，然后，分别授予他们荣誉博士学位。

会场上，响起了庄严的中华人民共和国国歌，当大会主席把红白相间的荣誉博士的绶带披在华罗庚身上，又把证书、勋章、纪念章送到他手中时，华罗庚心底涌起了一种强烈的民族自豪感。

还是在他访问英国的时候，有一天，他突然接到了党组织的通知："吸收华罗庚同志为中国共产党正式党员，

1979年6月13日"华罗庚69岁高龄，终于实现了自己50年来的心愿，他激动得一夜没睡。

回国后，有人问起他入党后的打算，华罗庚坦诚地说：

"说起爱国，我自信已经做到了，但距离真正的共产党员的标准，我还差得很远。我不想说大话空话，只想老老实实地干工作，为提高人民的生活水平和全民族的科学文化水平，为实现社会主义四个现代化，我愿把余下来的日子奉献给祖国，奉献给人民，奉献给党，奉献给壮丽的共产主义事业。"

1980年6月的一天，从广州开来的一列火车徐徐地驶进九龙的红磡车站，满头银发的华罗庚手拄拐杖，迎着漫天的晚霞走出站台，他的眼里依然闪动着智慧的光芒。

记者们很快就把他团团围住了，各种镁光灯、各种问话，交织成了一幅声情并茂的画面！

华罗庚是率领中国数学家代表团出席在香港举行的第五届东南亚数学双年会和研讨讲座，主题是研讨现代数学的发展和应用。

年已古稀的华罗庚，虽经长途旅行，依然神采奕奕，与来自东南亚各国的一百多位学者交流研讨时，思路敏捷，言辞之间妙语如珠；举止洒脱，令人不由得心驰神往。

会后，他又应邀，在香港大学给香港大专院校及中学的数学教师、数以千计的学生，作了题为"数学漫谈"的演讲，听者如云，盛况空前。1980年8月8日，华罗庚自香港返京两月后，又登上飞机，二次穿越太平洋，飞往北美。

当他再次俯视风光依旧的圣佛兰西斯湾时，三十多年前的一幕幕往事，云一样滑过他的眼前……

此后的半年时间里，他访问了美国二十六所大学、三家公司，一共演讲38次，参加大小座谈会无法计数。因为身体的缘故，还不得不谢绝了二十二所大学的盛情邀请。美国各大报纸、杂志热情洋溢地介绍了华罗庚的来访，对其坎坷的一生和所创造的科学上的奇迹，给以极高评价。

1982年12月9日，香港中文大学授予华罗庚荣誉理学博士学位。

1983年秋天，华罗庚应美国加州理工学院的邀请，再次赴美讲学。

第二年暮春，华罗庚沐浴着柔和的春风，经过一大片白鸽漫步的绿草地，来到美国科学院门前。

一年一度的院士大会开幕了。香气馥郁的鲜花园中，坐满了来自世界各国的科学家。他们一边呼吸着宜人的空气，一边交流着各自的学术见解。4月30日晚上，各国的院士聚集在一座装潢典雅的大厅里，举行接受新院士的典礼。

"华罗庚是一个自学出身的人，但是，他教授了千百万人民！"

美国科学院院长在赞词中，详细地介绍了华罗庚的科学成就，对其在数学史上的地位推崇备至。他的话音刚落，大厅里就爆发出一阵震耳欲聋的掌声。

华罗庚稳步走上主席台，美国科学院外事秘书马伦先生，含着笑把院士册捧到他面前，请他签名，一瞬间，华罗庚耳畔似乎又响起了庄严的共和国国歌，五星红旗在他心中飘扬成一种燃烧着的深情，他抬起头，一字一顿、十分清晰地问：

"我想用中文签名，请问，可以吗？"

马伦先生有些惊讶地迟疑了瞬间，马上用力地点头：

"可以，可以！"

华罗庚郑重地在院士册上写下了三个方方正正的汉字！会场上又一次响起了热烈的掌声。

消息像长了翅膀一样，迅速传遍了全世界。国务委员方毅代表党和国家从遥远的祖国寄来了热切的贺词：

"祝贺你，这是美国科学院一百二十年历史里获得这个荣誉称号的第一个中国科学家！"

倒在日本学士院的讲台上

　　1985年，又一个充满希望的春天，踏着欢快的脚步来到人间。

　　金碧辉煌的人民大会堂里，传出了一个令人振奋的消息：数学家华罗庚当选为全国政协副主席。

　　在北京国谊宾馆的一间会客室里，华罗庚接受了记者的采访。

　　"华老，请您谈谈当选政协副主席之后的感想，可以吗？"

　　"参加政协工作后，许多新闻单位的同志要我谈谈，因此请大家一起见见面。我是政协的新成员，对很多事情不熟悉，我是个搞数学的人，除数学外，对国家贡献很小，现在国家给我这么高的荣誉，我很不安。我甘愿做'人梯'，为国家多培养科技人才。"

"有位领导同志跟我说，他身边有很多各部门的建议，看了都觉得有道理，可是不知该先着手哪些事。我听了，就想：如果能帮助领导把这些建议整理一下，捡出对国家、对人民最有利的，使领导在决策时比较省力，那么，也算没有辜负国家和人民对我的信任。"

接着，华罗庚又谈了知识分子的责任和自己今后的工作打算。

记者们对华罗庚"老骥伏枥、志在千里。"的精神赞叹不已。

这一年的6月3日，华罗庚决定应日本亚洲交流协会的邀请，访问日本。出国前，他反复对代表团的成员强调：

"到了日本，大家要虚心向日本同行们学习，认真了解日本把数学方法、定量分析方法用于经济管理和经济决策的经验。"

飞机在碧蓝的空中翱翔，透过舷窗，华罗庚看见美丽的富士山，正在自己的脚下，环绕在片片白云之中，仿佛一位秀丽的女子端然伫立，遥想着如云的心事。不觉中，竟怔了好久。

6月9日，华罗庚从厢根回到东京，为了准备两天后的学术报告，他把自己关在旅馆的房间里，夜以继日地工作，谢绝任何人拜访。

6月12日上午，华罗庚穿得整整齐齐，提前吃了午饭，午后两点，到达日本学士院，会见了日本数学界的院士们，把自己最近新出版的著作分送给大家，院士们也把自己签了名的著作回赠给华罗庚。

下午四点钟，华罗庚在工作人员的带领下，走进了东京大学的一座会议大厅。当他笑容满面地走上讲台时，会场上响起了长时间热烈的掌声。

四点十二分，华罗庚开始演讲。他先用中文讲，由翻译译成日语；讲到专门的数学问题时，征得会议主席和听众的同意，他改用英语讲。会场上秩序井然，听众们带着崇敬的心情，聆听着这位伟大的数学家的报告。

听众的反应非常热烈，华罗庚也越讲越兴奋，虽然会议主持人知道他身体不好，事先为他准备了轮椅，可他还是坚持站着讲，原定的四十五分钟时间到了，被华罗庚流畅的英语，精湛的论述深深吸引了的听众，一致请求华罗庚再讲一会儿。

华罗庚头上渗出了密密的汗珠，他脱下西装上衣，继续侃侃而谈。

五点十六分，华罗庚结束了他的精彩发言，在人们狂热的掌声中，他说了最后一句话。人们没有听清楚，却看见刚坐到轮椅上的华罗庚"咕咚"一声摔倒在讲台上。

在场的中、日教授和医生飞奔过去，扶起倒在地上的华罗庚，只见他双目紧闭，面色青紫，人已经失去了知觉。

工作人员分头给急救站打电话，千方百计寻找东京大学心脏病权威杉木教授。

杉木教授闻讯后，飞车赶奔会场，他气喘吁吁地跑进来后，立刻指挥抢救，并亲自给华罗庚做人工呼吸和心脏按压。持续到傍晚六点时，情形仍然没有明显好转，杉木教授当机立断，送东京大学医院继续抢救。

六点十五分，开始给病人使用人工呼吸和心脏起搏器，可是，两个小时过去了，华罗庚躺在病床上，毫无知觉，也没有血液循环，心脏不再收缩。

八点二十七分，病房的门打开了，等候在门外焦灼万分的人们围了上去，东京大学的三井医生走到中国驻日大使馆的使节和代表团成员们面前，无比沉痛地说：

"我们使用了一切抢救手段，可是，病人的心跳和血液循环都停止了，继续抢救已经无效，是否停止一切措施，宣布去世？"

"不！医生，求求您，华罗庚是我们国家的领导人，是一位杰出的科学家，你们一定要挽救他的生命，要想尽一切办法，不惜任何代价，做手术，换心脏，怎么样都行，您不能让他就这么去了啊！"驻日大使说完，双手蒙面，泣不成声。三井医生难过地低下了头，过了一会儿，他努力使自己平静下来：

"东京大学的急救部，是东京都内抢救和治疗心脏病方面最有实力的单位，我们已经尽了全力；现在是按照日本的惯例，征求家属的意见，因为已经没有任何可能把华罗庚教授抢救回来了。"

十点零九分，医院宣布：华罗庚教授的心脏已经完全停止了跳动！门外顿时哭声一片。

6月14日上午，东京大学附属医院的灵堂里，摆满了洁白的菊花，日本参众两院的官员以及连夜从北京赶来的家人一起与华罗庚的遗体告别，随后，遗体被送往町屋火葬场火化。

6月15日下午三时，北京城阴云笼罩，淅淅沥沥的小雨中，载有华罗庚骨灰的中国民航专机，徐徐地降落在东郊机场上。

飞机的门打开了，华罗庚的长子华俊东满面泪痕，手捧着覆盖着中国共产党党旗的父亲的骨灰盒，缓缓地走下舷梯……

雨越下越大，天地间织成了一张巨网，深情地挽留一位伟大的数学家不朽的英灵……

华罗庚先生走了，但他的高贵品格、高尚情操，他给新中国教育事业和经济事业所作出的卓越贡献，他让全世界真正认识中国的无限进步，都永远的铭记在每个国人的心中——一名世界的伟大中国数学家。

年 表

时间	主要事件
1910年11月12日	出生于江苏省金坛县一个小商人家庭，父亲华瑞栋，开一间小杂货铺，母亲是一位贤惠的家庭妇女。
1924年	金坛中学初中毕业，但因家境不好，读完初中后，无力进入高中学习，只好到黄炎培在上海创办的中华职业学校学习会计。
1927年秋	和吴筱元结婚
1929年	受雇为金坛中学庶务员，并开始在上海《科学》等杂志上发表论文。
1929年冬	他得了严重的伤寒症，经过近半年治理，病虽然好了，但左腿关节却受到严重损害，落下终身残疾，走路要借助手杖。
1930年春	论文《苏家驹之代数的五次方程式解法不能成立的理由》在上海《科学》杂志发表。
1930年	后在清华大学任教
1933年	被破格提升为助教
1935年	成为讲师
1936年	赴英国剑桥大学访问、学习
1938年	回国后任西南联合大学教授
1939年到1941年	完成了第一部数学专著《堆垒素数论》
1946年2月至5月	应邀赴苏联访问
1946年	当时的国民政府选派华罗庚、吴大猷、曾昭抡三位科学家赴美考察。
1946年9月	华罗庚和李政道、朱光亚等离开上海前往美国，先在普林斯顿高等研究所担任访问教授，后又被伊利诺大学聘为终身教授。
1950年2月	到达香港。在香港发表一封致留美学生的公开信，鼓励海外学子回来为新中国服务。
1950年3月16日	和夫人、孩子乘火车抵达北京。

时间	主要事件
1952年7月	中国科学院数学所成立，担任所长。
1952年9月	加入民盟
1953年	参加中国科学家代表团赴苏联访问
1954年	被选聘为中国科学院学部委员（院士）
1956年6月14日	同其他参加制定全国科学发展规划的科学家们到中南海，受到了毛泽东、周恩来、朱德、邓小平等中央领导的接见。
1957年1月	论文《典型域上的多元复变函数论》获国家发明一等奖。
1957年	出版《数学导论》
1958年	和郭沫若一起率中国代表团出席在新德里召开的"在科学、技术和工程问题上协调"的会议。
1959年	被任命为中国科技大学副校长兼应用数学系主任。开设应用数学系并兼系主任，亲自授课，以培养骨干人才，为数学应用早打基础。
1963年	和学生万哲先合写《典型群》一书出版。
20世纪60年代	把数学方法应用于实际，筛选出以提高工作效率为目标的优选法和统筹法，取得显著经济效益。
1969年	推出《优选学》一书
1970年4月	国务院根据周总理的指示，邀请了七个工业部的负责人听华罗庚讲优选法、统筹法。
1975年8月	在大兴安岭推广"双法"时，由于愤怒、忧伤、劳累终使心肌梗死发作了。
1977年4月	被任命为中国科学院副院长
1979年5月	到西欧作了七个月的访问
1979年	当选为民盟中央副主席
1979年6月	被批准加入中国共产党
1982年11月	第二次患心肌梗死症
1983年10月	应美国加州理工学院邀请，赴美作为期一年的讲学活动。在美期间，赴意大利里亚利特市出席第三世界科学院成立大会，并被选为院士。

时间	主要事件
1984年4月	在华盛顿出席了美国科学院授予他外籍院士的仪式，成为第一位获此殊荣的中国人。
1985年4月	被选为全国政协副主席
1985年6月3日	应日本亚洲文化交流协会邀请赴日本访问
1985年6月12日下午4时	在东京大学数理学部讲演厅向日本数学界作讲演，讲题是《理论数学及其应用》。
1985年6月12日下午5时15分	讲演结束，倒在讲坛上
1985年6月12日晚10时9分	因患急性心肌梗死而逝世

世界五千年科技故事丛书